# SUPER FACILE

## zéro gaspi

# SUPER FACILE
## zéro gaspi

**Martine Lizambard**

Photographies et stylisme
**Bernard Radvaner**

SOLAR
EDITIONS

# ÉDITO

Que vous aimiez planifier vos repas plusieurs jours à l'avance, que vous cuisiniez au contraire selon l'envie du moment en voyant votre réfrigérateur envahi par les restes, ou tout simplement que vous soyez amateur de grandes tablées, vous ne manquerez plus d'idées désormais pour accommoder les portions excédentaires.

Ces 90 recettes super faciles ont été élaborées pour bien manger au quotidien sans se prendre la tête. Découvrez dans ce livre tous les secrets pour parvenir à l'équation idéale d'une cuisine vraiment simple, rapide et économique, ou comment, autour d'une recette principale, décliner 3 ou 4 autres plats équilibrés et originaux.

Optimisez vos achats et votre temps en cuisine, et n'hésitez plus à prévoir large et même à augmenter d'emblée les proportions initiales d'une recette, en imaginant immédiatement les accords nouveaux et gourmands qui pourront suivre.

Quand simplicité et saveur sont au rendez-vous, cuisiner devient...

*... Super facile !*

Recette principale

# RATATOUILLE

**Pour 6 personnes**

**Préparation : 45 min**

**Cuisson : 45 min**

2 courgettes

2 aubergines

1 oignon

1 poivron (rouge ou vert)

400 g de tomates pelées au naturel (en conserve)

8 cuil. à soupe d'huile d'olive

2 gousses d'ail

1 branche de thym

sel et poivre du moulin

Notes : ..............................

..............................

..............................

**1 Lavez** et essuyez les courgettes. Coupez les extrémités et taillez-les en petits cubes. Faites-les revenir 10 minutes environ, dans une poêle à feu assez vif, avec 2 cuillerées à soupe d'huile, en remuant souvent. Quand elles sont juste tendres, sans s'écraser, versez-les dans une passoire et laissez égoutter.

**2 Pelez** les aubergines et coupez-les en petits cubes. Faites-les revenir de la même manière avec 4 cuillerées à soupe d'huile, jusqu'à ce qu'elles commencent à dorer, en restant fermes. Égouttez-les avec les courgettes. Réservez.

**3 Hachez** l'oignon. Retirez le cœur et les graines du poivron, puis émincez-le finement. Faites-les fondre ensemble 10 minutes environ, avec le reste d'huile, dans une cocotte à feu doux, jusqu'à ce qu'ils soient tendres.

**4 Ajoutez** les tomates, en les écrasant sommairement, puis l'ail et le thym et faites cuire à feu doux, sans couvrir, pour que l'eau s'évapore. Quand la purée est assez épaisse, mettez les aubergines et les courgettes dans la cocotte. Salez, poivrez et mélangez. Faites mijoter les légumes 5 minutes ensemble, puis retirez du feu. Servez chaud ou froid.

**Il en reste**

*Conservez au réfrigérateur dans un récipient hermétique ou congelez par petites portions.*

Déclinaison 1

# OMELETTE FINE
## *roulée à la ratatouille*

**Pour 2 personnes**

**Préparation : 10 min**

**Cuisson : 2 min environ**

100 g de ratatouille froide

2 œufs

2 cuil. à soupe de parmesan fraîchement râpé (facultatif)

4 ou 5 feuilles de basilic ciselé

huile d'olive

sel et poivre du moulin

Notes : ..............................

1 **Battez** les œufs avec le parmesan, un peu de sel et de poivre. Ajoutez le basilic et mélangez.

2 **Enduisez** d'huile une poêle antiadhésive. Faites chauffer à feu modéré, versez-y les œufs et étalez-les en inclinant la poêle. Faites cuire doucement jusqu'à ce que les œufs soient juste pris, mais encore moelleux. Si nécessaire, couvrez quelques instants pour terminer la cuisson en évitant de retourner l'omelette.

3 **Glissez** l'omelette sur du film alimentaire posé sur le plan de travail. Recoupez les cubes de ratatouille s'ils sont un peu gros et étalez-les sur l'omelette. En vous aidant du film, roulez l'omelette sur elle-même, en serrant bien. Enveloppez-la complètement et vrillez les extrémités. Placez au moins 1 heure au réfrigérateur.

4 **Retirez** le film. Égalisez les extrémités, puis coupez l'omelette en deux, en plaçant le couteau très en biais. Laissez quelques minutes à température ambiante avant de servir.

**Déclinaison 2**

# TARTE
## *ratatouille et chorizo*

**Pour 6 personnes**

**Préparation : 15 min**

**Cuisson : 40 min**

300 g de ratatouille

1 rouleau de pâte feuilletée ou brisée (non sucrée)

200 g de chorizo

4 œufs

40 cl de crème fraîche

60 g de parmesan fraîchement râpé (facultatif)

20 g de beurre pour le moule

sel et poivre du moulin

Notes :

**1 Préchauffez** le four à 210 °C (th. 7). Beurrez un moule de 24 cm de diamètre, garnissez-le de pâte et recoupez les bords.

**2 Retirez** la peau du chorizo. Coupez-le en deux dans la longueur, puis en tranches de 2 mm. Répartissez-les sur la pâte, puis étalez la ratatouille.

**3 Battez** les œufs avec la crème. Salez et poivrez. Versez le mélange sur les légumes, en les écartant par endroits pour faire pénétrer la crème. Parsemez de parmesan. Enfournez pour 35 à 40 minutes : la surface doit être dorée. Démoulez à la sortie du four et servez aussitôt.

Déclinaison 3

# SABLÉS parmesan à la ratatouille, œuf poché

**Pour 6 personnes**

**Préparation : 40 min**

**Cuisson : 10 à 12 min**

**Repos de la pâte : 1 h**

300 g de ratatouille

6 œufs

2 cuil. à soupe de vinaigre

Pour la pâte des sablés

100 g de farine + un peu pour le plan de travail

100 g de beurre

80 g de parmesan fraîchement râpé

1 jaune d'œuf

**1 Mélangez** farine et parmesan. Ajoutez le beurre en petits morceaux, puis amalgamez entre les doigts. Incorporez le jaune d'œuf et mélangez sans pétrir, pour former une pâte homogène. Formez une boule, enveloppez-la et laissez-la 1 heure au frais.

**2 Pochez** les œufs l'un après l'autre pendant 4 minutes, dans de l'eau bouillante additionnée du vinaigre. Égouttez-les, puis égalisez les bords aux ciseaux.

**3 Préchauffez** le four à 180 °C (th. 6). Tapissez une plaque de papier sulfurisé. Retirez le film de la pâte, puis étalez-la sur le plan de travail fariné, sur une épaisseur de 6 mm environ. Découpez des disques de 8 cm de diamètre, rangez-les sur la plaque et faites cuire 10 à 12 minutes.

**4 Placez** un sablé sur chaque assiette, recouvrez de ratatouille. Creusez-la avec le dos d'une cuillère. Posez un œuf au centre et incisez-le légèrement au moment de servir.

Notes :

Recette principale

# POULET RÔTI *du dimanche*

**Pour 6 personnes**

**Préparation : 10 min**

**Cuisson : 1 h environ**

1 poulet fermier de 1,8 kg environ, prêt à cuire

40 g de beurre mou

sel et poivre du moulin

Notes :

**1 Préchauffez** le four à 190 °C (th. 6-7). Essuyez l'extérieur et l'intérieur du poulet. Salez et poivrez la cavité et glissez-y la moitié du beurre. Liez les cuisses et les ailes avec de la ficelle de cuisine.

**2 Enduisez** le poulet avec le reste du beurre, salez et poivrez toute la surface. Mettez-le dans un plat à four juste assez grand pour le contenir, en le posant sur une cuisse. Enfournez pour 1 heure, en retournant le poulet d'un quart de tour toutes les 15 minutes. Versez chaque fois 1 à 2 cuillerées à soupe d'eau bouillante dans le fond du plat et arrosez le poulet avec son jus de cuisson.

**3 Sortez** le poulet du four, découpez-le sur une planche et disposez les morceaux dans un plat chaud.

**4 Mettez** le plat de cuisson sur feu moyen. À l'aide d'une cuillère, prélevez autant de graisse de cuisson que possible en surface, jetez-la et gardez le jus. Versez un peu d'eau chaude et portez à ébullition, en grattant bien avec une spatule en bois pour récupérer tous les sucs. Laissez bouillir quelques instants et versez dans une saucière très chaude. Servez aussitôt, en même temps que le poulet.

## Il en reste

*Laissez refroidir ce qu'il reste de poulet. Détachez la chair des os et jetez-les. Conservez dans un récipient hermétique au réfrigérateur, avec le jus.*

Déclinaison 1

# RIZ PILAF *au poulet*

**Pour 4 personnes**

**Préparation : 30 min**

**Trempage des raisins : 30 min**

**Cuisson : 20 à 25 min**

150 à 200 g de chair de poulet cuit

200 g de riz long

le jus du poulet rôti

1 gros oignon

60 cl de bouillon de volaille (2,5 fois le volume du riz)

3 cuil. à soupe d'huile d'olive

1 cuil. à café de piment doux moulu

1 cuil. à café de cumin moulu

30 g de pignons

40 g de raisins secs

2 cuil. à soupe de coriandre ciselée

**Pour servir**

sel et poivre du moulin

## 1 Faites tremper

les raisins 30 minutes dans l'eau bouillante, puis égouttez-les. Hachez l'oignon. Coupez la chair de poulet en lamelles, sans enlever la peau. Faites légèrement dorer les pignons à sec.

## 2 Faites chauffer

l'huile et dorez les lamelles de poulet 2 à 3 minutes à feu vif, en remuant souvent. Retirez-les et réservez. Baissez à feu plus doux et remplacez le poulet par l'oignon. Faites-le fondre 5 à 10 minutes, en remuant souvent, jusqu'à ce qu'il soit tendre et commence à dorer.

## 3 Ajoutez

le riz et remuez 2 à 3 minutes pour que les grains s'enrobent du mélange et deviennent translucides. Saupoudrez de cumin et de piment. Versez le bouillon très chaud, ajoutez le jus du poulet et remuez à nouveau. Couvrez et faites cuire 12 à 18 minutes selon le riz. Vérifiez en goûtant.

## 4 Ajoutez

le poulet, les raisins et les pignons, mélangez, rectifiez l'assaisonnement. Laissez 2 à 3 minutes sur le feu, en égrenant à la fourchette, pour terminer la cuisson. Servez dans un plat chaud, parsemé de coriandre.

Déclinaison 2

# NEMS DE POULET
## *aux champignons noirs*

**Pour 4 personnes**

**Préparation : 40 min**

**Cuisson : 8 à 10 min**

250 g de poulet rôti

8 feuilles de brick

10 g de champignons noirs séchés

50 g de vermicelles de soja

½ carotte

1 ½ cuil. à café de sauce soja claire

1 ½ cuil. à café de sauce d'huître

1 ½ cuil. à café de sauce hoisin

1 pointe de cinq-épices

huile d'arachide

Pour servir

sauce pour nems

feuilles de laitue

menthe fraîche

**1 Hachez** la chair de poulet au couteau en petites lamelles, en laissant la peau. Mélangez-la avec les sauces soja, d'huître et hoisin. Ajoutez le cinq-épices et remuez. Réservez.

**2 Râpez** la carotte. Plongez-la 30 secondes dans l'eau bouillante, puis égouttez-la. Faites ramollir les champignons 15 minutes dans l'eau très chaude. Égouttez-les. Retirez la base, puis hachez-les au couteau.

**3 Faites tremper** les vermicelles 2 à 3 minutes dans l'eau bouillante, puis séparez-les avec 2 fourchettes. Passez-les sous l'eau froide, puis égouttez-les. Recoupez-les sommairement avec des ciseaux. Mélangez tous les ingrédients de la farce.

**4 Étalez** les feuilles de brick. Posez 2 cuillerées à soupe de farce dans le bas, repliez l'extrémité de la feuille dessus et roulez-les un peu en serrant. Rabattez les deux côtés vers le centre et continuez d'enrouler pour former le nem.

**5 Préchauffez** le four à 180 °C (th. 6). Rangez les nems sur une plaque recouverte de papier cuisson, badigeonnez-les d'huile et faites-les cuire 8 à 10 minutes, ou jusqu'à ce qu'ils soient dorés. Servez avec la laitue, la menthe et la sauce.

Déclinaison 3

# CROQUETTES DE POULET
## *à la menthe et à la coriandre*

**Pour 4 personnes**

**Préparation : 30 min**

**Cuisson : 6 à 8 min**

- 400 g de poulet rôti
- 2 blancs d'œufs
- 3 cuil. à soupe d'huile de tournesol
- 3 cuil. à soupe de farine
- 2 tiges de menthe
- 2 tiges de coriandre
- 15 g de mie de pain
- sel et poivre du moulin

Notes : ..............................

**1 Passez** la chair de poulet dans un hachoir muni d'une grille fine, en alternance avec les herbes et la mie de pain. Mettez l'ensemble dans un grand bol. Ajoutez les blancs d'œufs, salez et poivrez. Remuez vivement pour bien homogénéiser le mélange.

**2 Humidifiez** vos mains et formez des boulettes de la taille d'une mandarine. Aplatissez-les. Étalez la farine dans une assiette, salez et poivrez légèrement. Passez-y rapidement les croquettes sur les deux faces, pour les enrober d'une couche fine et régulière.

**3 Mettez** l'huile à chauffer dans une grande poêle et faites dorer les croquettes côte à côte, à feu moyen, en les retournant une ou deux fois. Retirez-les avec une écumoire, égouttez-les rapidement sur du papier absorbant, puis mettez-les dans un plat chaud. Servez aussitôt.

**Déclinaison 4**

# TARTINES *grillées de poulet gribiche*

**Pour 4 personnes**

**Préparation : 15 min**

200 g de poulet rôti

4 tranches de pain de campagne

1 œuf dur

2 ou 3 cornichons (selon la taille)

1 cuil. à soupe de mayonnaise

¼ de cuil. à café de moutarde mi-forte

2 cuil. à soupe de yaourt à la grecque

1 cuil. à soupe de cerfeuil ou de ciboulette ciselée

quelques feuilles de laitue

quelques pluches de cerfeuil pour décorer

sel et poivre du moulin

**1 Faites dorer** les tranches de pain des deux côtés dans un grille-pain. Écalez et hachez l'œuf. Ciselez les feuilles de laitue. Hachez finement les cornichons au couteau.

**2 Effilochez** la chair de poulet à la fourchette ou entre les doigts, comme pour faire des rillettes, ou coupez-la en petites lamelles.

**3 Mélangez** dans un petit saladier la moutarde, la mayonnaise et le yaourt. Goûtez et assaisonnez. Ajoutez les lamelles de poulet, les cornichons et les herbes, et remuez bien.

**4 Recouvrez** les tartines grillées de salade ciselée, puis garnissez de poulet. Parsemez d'œuf dur haché et décorez de pluches de cerfeuil.

Recette principale

# SAUMON « sur la peau » et fondue de poireaux

**Pour 6 personnes**

**Préparation : 20 min**

**Cuisson : 30 à 40 min**

6 pavés de saumon de 200 g environ chacun, avec la peau

6 petits poireaux moyens

50 g de beurre

2 cuil. à soupe d'huile

15 cl de crème entière liquide

sel et poivre du moulin

Notes :

**1 Retirez** les feuilles extérieures les moins belles des poireaux et coupez la partie vert foncé. Fendez-les en deux et lavez-les sous l'eau froide. Épongez-les, puis émincez-les en fines rondelles.

**2 Laissez fondre** 30 g de beurre dans une sauteuse, ajoutez les poireaux et faites-les cuire 20 à 25 minutes à feu doux, en remuant souvent, jusqu'à ce qu'ils soient très tendres, sans colorer. Versez la crème, salez et poivrez, puis laissez mijoter à feu doux, pour épaissir un peu l'ensemble et maintenir au chaud pendant la cuisson du poisson.

**3 Rincez** les pavés de saumon à l'eau fraîche, retirez les arêtes qui subsistent avec une pince, puis épongez-les avec du papier absorbant.

**4 Chauffez** le reste du beurre et l'huile dans une poêle. Quand le mélange commence à mousser, posez les pavés de saumon sur la peau et faites-les cuire 10 à 15 minutes selon leur épaisseur, sans les retourner. Surveillez attentivement la cuisson et, si nécessaire, couvrez un peu à la fin pour que la partie supérieure soit juste translucide. Servez avec la fondue de poireaux.

**Il en reste**

*Enveloppez ce qu'il reste des pavés cuits de film alimentaire et mettez-les au réfrigérateur.*

Déclinaison 1

# TAGLIATELLES
## au saumon et au bacon

**Pour 4 personnes**

**Préparation : 10 min**

**Cuisson : 6 à 8 min**

200 g de saumon cuit

250 g de tagliatelles sèches (ou 500 g de fraîches)

8 tranches de bacon (ou de poitrine demi-sel)

20 cl de crème entière liquide

1 cuil. à soupe de ciboulette ciselée

1 pincée de piment de Cayenne

sel

Notes : ..............................

1 **Faites épaissir** la crème quelques minutes à petite ébullition pour lui donner une consistance onctueuse. Retirez du feu.

2 **S'il en reste,** retirez la peau du saumon et les arêtes. Coupez-le en lamelles de 1 cm d'épaisseur. Mettez-les dans la crème, salez et ajoutez un peu de piment de Cayenne.

3 **Faites cuire** les tagliatelles dans l'eau bouillante salée en les conservant *al dente* selon les indications de l'emballage et vérifiez la cuisson en goûtant.

4 **Faites dorer** légèrement les tranches de bacon à sec, dans une poêle antiadhésive, jusqu'à les rendre croustillantes. Égouttez-les sur du papier absorbant.

5 **Réchauffez** le mélange crème-saumon à feu doux. Égouttez les pâtes, versez-les dans un plat chaud, ajoutez le saumon et mélangez. Disposez le bacon sur le plat, parsemez de ciboulette et servez aussitôt.

Déclinaison 2

# RILLETTES *de saumon à l'aneth*

**Pour 4 à 6 personnes**

**Préparation : 15 min**

**Réfrigération : 2 h**

**Repos : 15 min**

250 g de saumon cuit et refroidi

50 g de beurre

15 cl de crème fraîche

le jus de ½ citron

1 cuil. à soupe d'aneth ciselé

1 pincée de piment de Cayenne

sel

Notes : ..............................

..............................

..............................

**1 Laissez** ramollir le beurre à température ambiante pour qu'il soit très souple. Débarrassez le saumon de toute la peau et des dernières arêtes. Éliminez les parties de chair brune.

**2 Effeuillez** la chair au-dessus d'un bol. Incorporez progressivement le beurre et la crème, en travaillant l'ensemble avec une spatule en bois. Ajoutez le jus de citron, un peu d'aneth ciselé, de sel et de piment de Cayenne, à votre goût. Remuez à nouveau.

**3 Mettez** dans une terrine ou des moules individuels et égalisez la surface. Recouvrez d'un film alimentaire et placez au moins 2 heures au frais pour que le beurre se raffermisse sans durcir. Sortez 15 minutes à température ambiante avant de servir.

Déclinaison 3

# PETITS CAKES
## au saumon

**Pour 4 à 8 mini-cakes (selon la taille des moules)**

**Préparation : 20 min**

**Réfrigération : 30 min**

**Cuisson : 25 à 35 min**

250 g de saumon cuit

3 œufs

160 g de farine
+ un peu pour les moules

15 cl de crème liquide

10 cl d'huile

beurre pour les moules

1 sachet de levure chimique

2 cuil. à soupe d'aneth ciselé (ou de ciboulette)

2 pincées de sel

poivre du moulin

**1 Vérifiez** qu'il ne reste ni peau, ni arêtes sur le saumon. Coupez-le en petits cubes.

**2 Battez** les œufs, puis incorporez farine et levure, en fouettant vivement jusqu'à l'obtention d'une pâte lisse. Sans cesser de remuer, ajoutez la crème et l'huile, puis l'aneth, salez et donnez quelques tours de moulin à poivre. Laissez reposer 30 minutes au frais.

**3 Préchauffez** le four à 180 °C (th. 6). Incorporez les cubes de saumon à la pâte en remuant délicatement pour les répartir, puis versez dans de petits moules beurrés et farinés, sans remplir complètement. Enfournez pour 25 à 30 minutes, selon la taille des moules. Couvrez avec du papier aluminium dès que la surface est colorée.

**4 Vérifiez** la cuisson en piquant une pointe fine dans un cake : elle doit ressortir sèche. Laissez tiédir avant de démouler, puis servez ou faites refroidir sur une grille.

Recette principale

# DAUBE *de bœuf*

**Pour 6 personnes**

**Préparation : 20 min**

**Marinade : 12 h**

**Cuisson : 3 à 4 h environ**

1,5 kg de bœuf à braiser (macreuse, jumeau ou paleron), en cubes de 5 cm

75 cl de vin rouge corsé

½ pied de veau

25 à 30 cl de bouillon de bœuf

1 morceau de couenne de porc fraîche

2 gousses d'ail

1 oignon

2 carottes

1 bouquet garni (thym, laurier et céleri)

1 cuil. à soupe de beurre manié (beurre mou malaxé avec 1 cuil. à soupe de farine)

3 cuil. à soupe d'huile d'olive

fleur de sel et poivre en grains



1 **Émincez** oignon et carottes. Pelez l'ail. Mélangez-les avec le vin, le bouquet garni, 2 cuillerées à soupe d'huile, la fleur de sel et du poivre. Mettez la viande dans cette marinade, remuez, couvrez et laissez au frais jusqu'au lendemain.

2 **Épongez** les morceaux de bœuf. Faites-les dorer à feu vif dans une cocotte avec le reste d'huile. Retirez-les.

3 **Posez** la couenne dans la cocotte, côté peau vers le haut, et remettez le bœuf. Ajoutez le pied de veau, versez la marinade, avec légumes et aromates, et recouvrez de bouillon. Amenez à ébullition, puis baissez le feu, couvrez et laissez cuire 3 à 4 heures à feu très doux, la viande doit être tendre.

4 **Retirez** la viande et filtrez le jus de cuisson dans une casserole. Amenez à petite ébullition et jetez-y le beurre manié en fouettant. Si la sauce est trop liquide, faites-la réduire à feu assez vif. Rectifiez l'assaisonnement. Remettez la viande dans la cocotte, versez la sauce et réchauffez avant de servir.

## Il en reste

*Couvrez et gardez jusqu'à 1 semaine au réfrigérateur ou congelez par petites portions.*

Déclinaison 1

# PETITES PIES *de bœuf*

**Pour 4 personnes**

**Préparation : 30 min**

**Cuisson : 20 min**

500 à 600 g de daube de bœuf

300 g de champignons de Paris

1 rouleau de pâte feuilletée

20 g de beurre

1 jaune d'œuf délayé avec un peu d'eau

sel et poivre du moulin

*Notes :*

**1 Faites tiédir** la daube à feu doux dans une casserole, pour fluidifier la sauce. Recoupez les morceaux de bœuf en cubes de la taille d'une bouchée.

**2 Coupez** la base terreuse des champignons. Rincez-les et épongez-les. Coupez-les en deux ou en quatre selon leur taille, puis faites-les revenir à la poêle avec le beurre jusqu'à ce qu'ils soient dorés et toute l'eau évaporée. Ajoutez-les à la daube, rectifiez l'assaisonnement en sel et en poivre et mélangez.

**3 Préchauffez** le four à 180 °C (th. 6). Répartissez le contenu de la casserole dans 4 petites cocottes.

**4 Déroulez** la pâte feuilletée et découpez 4 disques de 2 à 3 cm plus grands que le diamètre des cocottes. À l'aide d'un pinceau, enduisez le tour de la pâte de jaune d'œuf, puis retournez les disques sur les cocottes et soudez soigneusement le tour en pressant avec les doigts. Dorez la surface à l'œuf et enfournez.

**5 Faites cuire** 20 minutes environ, jusqu'à ce que la pâte soit gonflée et dorée. Servez aussitôt.

Déclinaison 3

# ŒUFS COCOTTE *en meurette*

**Pour 4 personnes**

**Préparation : 15 min**

**Cuisson : 7 min environ**

30 cl environ de sauce au vin de la daube

4 œufs très frais

150 g de petits lardons

100 g de champignons de Paris

15 g de beurre + un peu pour les moules

poivre du moulin

Notes :

1 **Réchauffez** doucement la sauce au vin. Préchauffez le four à 180 °C (th. 6). Beurrez 4 ramequins ou mini-cocottes.

2 **Coupez** la base du pied des champignons. Rincez-les et épongez-les. Coupez-les en deux ou en quatre selon leur taille, puis faites-les revenir à la poêle avec le beurre jusqu'à ce qu'ils soient dorés et toute l'eau évaporée. Ajoutez-les à la sauce.

3 **Faites revenir** les lardons dans la même poêle, à feu moyen, sans ajouter de matière grasse. Égouttez-les quelques instants sur du papier absorbant et mettez-les dans la sauce.

4 **Répartissez** le contenu de la casserole dans les moules beurrés et cassez un œuf dans chacun. Rangez-les côte à côte dans un plat à gratin, versez de l'eau bouillante aux deux tiers des parois pour faire un bain-marie et enfournez. Faites cuire 7 minutes environ, selon que vous couvrez ou non les récipients : le blanc doit être juste pris et le jaune encore coulant.

5 **Sortez** les moules et essuyez-les. Donnez quelques tours de moulin à poivre avant de servir.

Déclinaison 4

# CASSOLETTES *gratinées de bœuf aux oignons*

**Pour 4 personnes**

**Préparation : 25 min**

**Cuisson : 30 à 40 min**

3 gros oignons

500 g de daube de bœuf

4 cornichons

30 cl environ de bouillon de bœuf

1 cuil. à soupe rase de farine

40 g de beurre + un peu pour les cassolettes

2 cuil. à soupe de vinaigre de vin rouge

1 cuil. à soupe de chapelure

1 cuil. à soupe de persil plat ciselé

1 **Réchauffez** doucement la daube dans une casserole pour la fluidifier. Sortez les morceaux de viande l'un après l'autre, coupez-les en petites tranches, puis remettez-les dans la sauce.

2 **Émincez** les cornichons. Émincez les oignons. Plongez-les 3 minutes dans une casserole d'eau bouillante, puis égouttez-les et étalez-les sur du papier absorbant.

3 **Faites fondre** 30 g de beurre dans une sauteuse. Quand il mousse, ajoutez les oignons et faites-les revenir à feu doux jusqu'à ce qu'ils commencent à dorer. Saupoudrez la farine et laissez cuire 1 minute, sans cesser de remuer pour que le mélange brunisse.

4 **En remuant** toujours, versez le bouillon et le vinaigre, puis ajoutez le bœuf avec sa sauce et les cornichons. Ajoutez un peu de bouillon si la consistance est trop épaisse. Préchauffez le four à 210 °C (th. 7). Beurrez 4 cassolettes ou des petites cocottes.

5 **Répartissez** le mélange dans les cocottes, saupoudrez de chapelure et de persil, puis parsemez de noisettes de beurre. Enfournez pour 15 à 20 minutes, jusqu'à ce que la surface soit bien dorée. Servez dès la sortie du four.

Recette principale

# COCOTTE DE THON
## *aux oignons*

**Pour 6 personnes**

**Préparation : 20 min**

**Cuisson : 55 min**

1 rouelle de thon épaisse de 1 kg environ

1 kg d'oignons doux (ou blancs)

2 belles gousses d'ail

3 cuil. à soupe d'huile d'olive

2 à 3 cuil. à soupe de vinaigre de vin blanc ou de cidre

piment d'Espelette

sel

Notes : ...............

1 **Pelez** et dégermez les gousses d'ail. Taillez chacune en 4 ou 5 lamelles. Rincez le thon sous l'eau froide, épongez-le soigneusement, puis piquez-le régulièrement des lamelles d'ail. Salez et pimentez les deux côtés.

2 **Chauffez** 2 cuillerées à soupe d'huile dans une cocotte, ajoutez les oignons et faites-les revenir pendant 25 à 30 minutes : commencez par les faire bien dorer à feu moyen, en remuant souvent, puis baissez le feu et poursuivez la cuisson jusqu'à ce qu'ils soient parfaitement tendres. Salez, pimentez et retirez du feu.

3 **Faites chauffer** le reste de l'huile d'olive dans une poêle antiadhésive et saisissez la tranche de thon 2 minutes environ de chaque côté, toujours à feu moyen. Égouttez-la quelques instants sur du papier absorbant, puis posez-la dans la cocotte, sur les oignons. Arrosez du vinaigre, couvrez et remettez 15 à 20 minutes à feu doux.

4 **Posez** la darne sur un plat chaud, retirez la peau et entourez-la des oignons. Ou servez directement dans la cocotte.

## Il en reste

*Retirez les oignons. Enveloppez ce qui reste de la tranche de thon dans du film alimentaire et mettez-la au réfrigérateur.*

**Déclinaison 1**

# SAMOUSSAS *au thon*

**Pour 4 personnes**

**Préparation : 20 min**

**Cuisson : 2 à 4 min**

200 g de thon cuit

1 gros oignon

4 feuilles de brick

1 cuil. à soupe de câpres

6 cuil. à soupe d'huile d'olive

2 cuil. à soupe de coriandre ciselée

piment doux

sel

*Notes :*

**1 Épluchez** et émincez l'oignon. Faites-le revenir 10 à 15 minutes à feu modéré dans une poêle avec 2 cuillerées à soupe d'huile, jusqu'à ce qu'il commence à dorer. Émiettez sommairement le thon dans un petit saladier. Ajoutez l'oignon, la coriandre, les câpres et remuez bien.

**2 Détachez** les feuilles de brick de leur support en papier. Posez la première sur une assiette plate aux bords légèrement relevés. Placez le quart du mélange au centre, saupoudrez un peu de sel et de piment, à votre goût, puis repliez la feuille de brick pour former un samoussa.

**3 Faites chauffer** le reste de l'huile dans une poêle à feu moyen. Approchez l'assiette de la poêle et faites glisser le samoussa dans l'huile chaude, en appuyant sur les bords avec une spatule en bois pour bien le fermer. Faites dorer 1 à 2 minutes, puis retournez délicatement l'ensemble pour cuire l'autre côté de la même manière.

**4 Répétez** l'opération avec les 3 feuilles de brick restantes. Servez bien chaud, au fur et à mesure de la cuisson.

Déclinaison 2

# PETITE NIÇOISE
## *maison*

**Pour 4 personnes**

**Préparation : 30 min**

**Cuisson : 4 à 10 min**

- 200 g de thon cuit
- 2 œufs
- 400 g de haricots verts
- 2 oignons nouveaux
- 1 gousse d'ail
- 4 tomates moyennes
- 50 g d'olives noires (de préférence de Nice)
- 4 cuil. à soupe d'huile d'olive
- 1 cuil. à soupe de vinaigre de vin
- sel et poivre du moulin

*Notes :* ..............................

..............................

..............................

**1 Faites durcir** les œufs 8 minutes à l'eau bouillante salée, pour que le jaune reste un peu souple. Refroidissez-les et écalez-les. Coupez-les en quatre. Rincez et essuyez les tomates. Retirez le pédoncule et les graines, puis coupez-les en quartiers. Parez et émincez finement les petits oignons, en conservant la tige vert tendre. Pelez la gousse d'ail.

**2 Équeutez** et effilez les haricots verts. Coupez-les en morceaux, lavez-les, puis égouttez-les. Faites-les cuire 4 à 10 minutes à l'eau bouillante salée, en les gardant un peu croquants. Sortez-les à l'aide d'une écumoire, plongez-les aussitôt dans l'eau glacée, puis égouttez-les. Séchez-les dans un torchon.

**3 Effeuillez** le thon en grosses lamelles. Frottez l'intérieur d'un saladier avec la gousse d'ail. Disposez successivement les petits oignons, les haricots, puis les tomates et les œufs. Terminez avec les lamelles de thon et les olives.

**4 Fouettez** l'huile d'olive et le vinaigre dans un bol avec un peu de sel et de poivre. Versez sur la salade et remuez juste avant de servir.

Déclinaison 3

# PANS-BAGNATS

**Pour 4 personnes**
**Préparation : 30 min**
**Cuisson : 10 min**

150 g de thon cuit
4 petits pains ronds
2 oignons nouveaux
2 œufs
4 tomates moyennes
½ concombre
6 radis
12 olives noires dénoyautées
4 filets d'anchois à l'huile
1 gousse d'ail
huile d'olive
vinaigre
¼ de poivron
8 feuilles de basilic ciselées



**1 Faites durcir** les œufs 10 minutes à l'eau bouillante. Refroidissez-les et écalez-les. Coupez-les en rondelles.

**2 Pelez** la gousse d'ail. Émincez le poivron. Épluchez le concombre, grattez les radis, rincez et essuyez les tomates. Coupez tous ces légumes en fines rondelles. Épluchez et émincez finement les petits oignons en laissant la partie vert tendre de la tige. Émiettez le thon à la fourchette. Émincez les olives. Égouttez les anchois et coupez-les en deux dans la longueur.

**3 Coupez** les petits pains en deux, horizontalement. Creusez-les légèrement en retirant un peu de mie. Frottez légèrement l'intérieur avec la gousse d'ail, puis badigeonnez la mie d'huile d'olive et arrosez de quelques gouttes de vinaigre.

**4 Éparpillez** les oignons et le poivron émincés sur la partie inférieure des petits pains, puis disposez successivement les rondelles de légumes, le thon, les anchois et les olives. Arrosez d'un filet d'huile d'olive et parsemez de basilic avant de refermer les sandwichs. Pressez fortement pour bien tasser les ingrédients.

Recette principale

Pour 6 personnes

Préparation : 10 min

Cuisson : 18 à 20 min

300 g de riz à risotto (carnaroli ou arborio)

1 l environ de bouillon de légumes

1 oignon

100 g de parmesan fraîchement râpé

80 g de beurre

1 cuil. à soupe d'huile d'olive

sel et poivre du moulin

Notes : ............................



# RISOTTO
## au parmesan

**1 Hachez** finement l'oignon. Versez le bouillon dans une casserole, portez à la limite de l'ébullition, puis maintenez-le frémissant à feu doux.

**2 Chauffez** la moitié du beurre et l'huile dans une sauteuse et faites fondre l'oignon 5 minutes à feu doux, jusqu'à ce qu'il soit tendre et translucide. Augmentez un peu le feu, versez le riz en pluie et remuez 1 à 2 minutes pour enrober les grains de matière grasse.

**3 Quand les grains** sont translucides, versez une louche de bouillon chaud, remuez et laissez cuire doucement jusqu'à ce qu'il soit absorbé. Poursuivez la cuisson de 15 à 20 minutes en remuant constamment et en ajoutant du bouillon chaud, louche par louche, au fur et à mesure que le riz l'absorbe. Goûtez pour vérifier la cuisson du riz, qui doit être fondant, sans s'écraser.

**4 Ajoutez** le parmesan, le reste du beurre en morceaux et ½ louche de bouillon. Rectifiez l'assaisonnement et mélangez doucement. Retirez du feu, couvrez et laissez reposer 2 minutes avant de servir.

**Il en reste**

*Onctueux et crémeux quand il est chaud, le risotto finit d'absorber tout le liquide et devient compact en refroidissant. Couvrez-le, ou mettez-le dans un récipient hermétique et conservez-le au réfrigérateur.*

Déclinaison 1

# COURGETTES
## *rondes au risotto*

**Pour 4 personnes**

**Préparation : 30 min**

**Cuisson : 25 min**

300 g de risotto au parmesan refroidi

4 courgettes rondes

1 oignon

2 cuil. à soupe d'huile d'olive + un peu pour le plat

1 cuil. à soupe de pignons

1 cuil. à soupe de raisins secs

10 à 15 g de beurre

chapelure

sel et poivre du moulin

*Notes :* ..............................

..............................

..............................

### 1 Faites tremper
les raisins 30 minutes dans l'eau bouillante, puis égouttez-les. Hachez finement l'oignon. Lavez et séchez les courgettes. Tranchez la base pour qu'elles tiennent debout et coupez un couvercle dans le haut. Creusez-les en laissant 6 à 8 mm de chair autour et hachez la pulpe au couteau.

### 2 Faites cuire
les coques de courgettes 5 minutes à l'eau bouillante salée. Retournez-les sur un linge. Laissez refroidir.

### 3 Faites revenir
l'oignon et la pulpe de courgette 10 minutes à feu doux avec l'huile, en remuant souvent, jusqu'à ce qu'ils soient fondants. Transvasez-les dans un saladier. Ajoutez le risotto, les pignons et les raisins, salez et poivrez. Mélangez, puis remplissez les courgettes. Parsemez de chapelure et de noisettes de beurre.

### 4 Préchauffez
le four à 180 °C (th. 6). Disposez les courgettes dans un plat huilé et faites cuire 20 minutes environ. Servez aussitôt.

Déclinaison 2

# ARANCINI

**Pour 4 personnes**

**Préparation : 30 min**

**Cuisson : 4 à 6 min**

250 g de risotto au parmesan refroidi

1 œuf

1 cuil. à café de zeste d'orange finement râpé (facultatif)

chapelure

huile de friture

sel et poivre du moulin

**1 Incorporez** le zeste d'orange au risotto, en remuant vigoureusement.

**2 Cassez** l'œuf dans une assiette creuse et battez-le avec un peu d'eau, du sel et du poivre. Étalez 3 à 4 cuillerées de chapelure dans une seconde assiette.

**3 Humidifiez** vos mains et façonnez des boulettes de riz de la taille d'une petite mandarine. Roulez-les l'une après l'autre dans l'œuf battu, puis dans la chapelure.

**4 Faites chauffer** un bain de friture à 170 °C. Plongez-y les boules de riz par petites quantités et faites-les frire de 4 à 6 minutes, en les retournant régulièrement, jusqu'à ce qu'elles soient uniformément dorées. Sortez-les au fur et à mesure avec une écumoire. Égouttez-les quelques instants sur du papier absorbant, glissez-les sur un plat et servez aussitôt.

Notes : ..............................

Déclinaison 3

# MAKIS
## de risotto au jambon cru

**Pour 4 personnes**

**Préparation : 40 min**

**Réfrigération : 1 h**

200 g de risotto au parmesan refroidi

4 tranches de jambon cru

1 poignée de roquette

½ concombre

**1 Lavez** et séchez la roquette. Épluchez le concombre et taillez-le en longs bâtonnets. Retirez le gras des tranches de jambon et recoupez les bords pour leur donner une forme proche du rectangle.

**2 Posez** une tranche de jambon sur une feuille de film alimentaire. Humidifiez vos mains, prenez une boule de risotto, puis étalez-la sur le jambon avec les doigts. Disposez un peu de roquette et de concombre en ligne au milieu. Roulez en vous aidant du film pour soulever le jambon et formez un cylindre régulier. Enveloppez-le de film en serrant bien et vrillez les extrémités. Placez au frais pendant au moins 1 heure.

**3 Retirez** le film. Avec un couteau parfaitement tranchant, égalisez les extrémités, puis recoupez chaque cylindre en 4 ou 5 makis. Rangez-les au fur et à mesure sur un plat froid.

Notes :

**Déclinaison 4**

# GALETTES
## *de riz aux olives*

**Pour 4 personnes**

**Préparation : 30 min**

**Cuisson : 6 à 8 min**

300 g de risotto au parmesan refroidi

1 œuf + 1 blanc

1 tomate

60 g d'olives noires dénoyautées

1 petite poignée de roquette

2 cuil. à soupe d'huile d'olive

2 cuil. à soupe de farine

sel et poivre du moulin

**1 Lavez** et séchez la tomate et la roquette. Coupez la tomate en deux, retirez les graines et taillez-la en petits dés. Ciselez la roquette. Émincez les olives au couteau.

**2 Battez** l'œuf entier et le blanc dans un saladier, puis incorporez progressivement le risotto et la farine en remuant vivement pour homogénéiser l'ensemble. Ajoutez les dés de tomate, les olives et la roquette, salez, poivrez et mélangez à nouveau.

**3 Faites chauffer** l'huile à feu moyen dans une grande poêle antiadhésive. Posez 4 cercles côte à côte dans la poêle, remplissez-les de préparation et faites dorer la première face des galettes 3 à 4 minutes. À l'aide d'une spatule, retournez-les l'une après l'autre, avec les cercles, et faites cuire l'autre côté.

**4 Posez** les galettes quelques instants sur du papier absorbant, retirez les cercles et servez sur une salade.

*Notes :* ..............................

..............................

..............................

**Recette principale**

# ASPERGES *mousseline*

**Pour 6 personnes**

**Préparation : 20 min**

**Réfrigération : 10 min**

**Cuisson : 12 à 15 min**

1,2 kg d'asperges blanches

gros sel

Pour la sauce

10 cl de crème liquide

10 cl de mayonnaise

2 cuil. à soupe de cerfeuil haché

sel et poivre du moulin

**1 Coupez** l'extrémité dure des asperges, puis épluchez-les, de la tête vers la base. Lavez-les sous l'eau froide. Plongez-les dans l'eau bouillante salée et faites-les cuire 12 à 15 minutes selon leur taille.

**2 Préparez** la sauce : versez la crème dans un bol et mettez 10 minutes au congélateur. Quand la crème est froide, fouettez-la en chantilly, puis incorporez-la à la mayonnaise. Salez, poivrez et ajoutez le cerfeuil. Réservez au frais.

**3 Les asperges** doivent être tendres, mais fermes. Égouttez-les et rangez-les sur un plat recouvert d'un linge. Laissez tiédir. Servez avec la sauce.

## Il en reste

*Conservez les asperges restantes bien égouttées au frais, dans une boîte hermétique.*

Notes : ..............................

Déclinaison 1

# ASPERGES
## *en tempura*

**Pour 4 personnes**

**Préparation : 15 min**

**Cuisson : 2 à 3 min**

12 asperges cuites

175 g de farine

1 œuf

½ cuil. à café de levure chimique

sel

huile de friture

**1 Étalez** les asperges sur du papier absorbant et épongez-les avec soin. Coupez-les en tronçons de 4 à 6 cm. Dans un bol, mélangez la farine, la levure et une pincée de sel.

**2 Préparez** la pâte : cassez l'œuf dans un petit saladier, puis battez-le rapidement avec 30 cl d'eau glacée. Saupoudrez la farine et fouettez quelques instants, sans chercher à supprimer complètement les grumeaux.

**3 Faites chauffer** un bain de friture à 180 °C. Prenez les morceaux d'asperges l'un après l'autre, trempez-les dans la pâte et plongez-les au fur et à mesure dans l'huile chaude, en plusieurs fois pour qu'ils ne collent pas entre eux. Faites-les frire 2 à 3 minutes, en les retournant une fois, jusqu'à ce que la pâte se boursoufle, sans dorer.

**4 Sortez** les beignets au fur et à mesure à l'aide d'une écumoire et égouttez-les sur du papier absorbant. Salez légèrement avant de servir.

Notes : ..............................

**Déclinaison 2**

# CLAFOUTIS
## *aux asperges*

**Pour 4 personnes**

**Préparation : 15 min**

**Cuisson : 20 à 25 min**

8 asperges cuites

2 œufs entiers + 2 jaunes

40 g de parmesan fraîchement râpé + quelques copeaux (facultatif)

1 cuil. à soupe de Maïzena®

30 cl de crème entière liquide

beurre pour les ramequins

sel et poivre du moulin

*Notes :* ........................

........................

........................

**1 Recoupez** les asperges en tronçons de 4 à 5 cm. Égouttez-les à nouveau sur du papier absorbant.

**2 Préchauffez** le four à 180 °C (th. 6). Beurrez 4 ramequins ou des poêlons individuels.

**3 Battez** les œufs entiers et les jaunes dans un bol. Incorporez successivement la Maïzena® et la crème, en fouettant vivement pour obtenir une pâte fluide et lisse. Salez et poivrez. Ajoutez le parmesan râpé si vous le souhaitez, puis mélangez bien.

**4 Répartissez** les asperges dans les plats, versez régulièrement la crème et enfournez. Faites cuire 20 à 25 minutes, jusqu'à ce que la pâte soit ferme et la surface dorée. Laissez reposer 5 minutes à la sortie du four et parsemez de copeaux de parmesan avant de servir.

**Déclinaison 3**

# ŒUFS brouillés aux asperges

**Pour 4 personnes**

**Préparation : 5 min**

**Cuisson : 10 à 15 min**

2 ou 3 asperges cuites

8 œufs

80 g de beurre

sel et poivre du moulin

**1 Épongez** soigneusement les asperges et recoupez-les en tronçons de 3 à 4 cm.

**2 Cassez** les œufs dans un saladier, salez, poivrez, puis battez-les rapidement à la fourchette.

**3 Mettez** la moitié du beurre dans une casserole et placez celle-ci à feu très doux ou dans une plus grande contenant de l'eau bouillante pour faire un bain-marie. Quand le beurre est fondu, versez les œufs battus. Faites cuire, sans cesser de remuer avec une cuillère en bois, jusqu'à ce que le mélange épaississe et devienne crémeux. Ramenez sans arrêt vers le centre les œufs qui commencent à prendre contre les parois et dans le fond de la casserole.

**4 Un peu avant** la fin de la cuisson, incorporez le reste du beurre coupé en petits morceaux, en remuant toujours pour que les œufs restent crémeux. Laissez-le fondre complètement, puis ajoutez les asperges. Réchauffez bien l'ensemble, toujours à chaleur douce, versez dans un plat tiède et servez aussitôt.

Notes : ..............................

Recette principale

# PETITS RÔTIS
## *de cabillaud, bacon et beurre blanc*

**Pour 6 personnes**

**Préparation : 20 min**

**Cuisson : 8 à 10 min**

6 morceaux de dos de cabillaud épais, de 180 à 200 g chacun

12 tranches de bacon ou de poitrine demi-sel

huile d'olive

Pour le beurre blanc

3 petites échalotes

12 cl de vin blanc sec

1 cuil. à soupe de vinaigre de vin blanc

150 g de beurre

sel et poivre du moulin

**1 Hachez** finement les échalotes. Mettez-les dans une casserole avec le vin blanc et le vinaigre, portez à ébullition et faites réduire pour ne conserver que 2 cuillerées à soupe de liquide épais. Réservez.

**2 Préchauffez** le four à 180 °C (th. 6). Recouvrez la lèchefrite de papier cuisson.

**3 Rincez** les pavés de cabillaud à l'eau fraîche, puis épongez-les soigneusement. Enduisez-les d'un peu d'huile d'olive, salez et poivrez de tous côtés. Enroulez 2 tranches de bacon autour de chaque morceau et maintenez-les avec une ficelle.

**4 Posez** les rôtis sur la plaque, enfournez et faites cuire 8 à 10 minutes selon leur épaisseur.

**5 Pendant la cuisson** du poisson, réchauffez les échalotes à feu très doux, puis incorporez progressivement le beurre froid coupé en morceaux, en fouettant vivement pour qu'il chauffe et se transforme en crème. Salez et poivrez.

**6 Sortez** le poisson du four. Retirez les ficelles des rôtis, posez-les sur des assiettes chaudes et nappez de beurre blanc. Servez aussitôt.

## Il en reste

*Retirez le bacon, enveloppez les morceaux de cabillaud restants dans du film alimentaire et mettez-les au frais.*

**Déclinaison 1**

# PARMENTIER *de cabillaud à la carotte et à l'orange*

**Pour 4 personnes**

**Préparation : 30 min**

**Cuisson : 25 à 30 min**

- 500 g de cabillaud cuit
- 700 g de carottes
- 90 g environ de beurre
- 1 cuil. à soupe de zeste d'orange finement râpé
- 1 cuil. à café de graines de cumin
- chapelure fraîche
- sel et poivre du moulin

Notes : ..............................

1 **Faites fondre** 60 g de beurre à feu très doux dans une casserole, avec le zeste d'orange et le cumin. Retirez du feu et laissez infuser pendant la cuisson des carottes.

2 **Épluchez** et lavez les carottes. Coupez-les en rondelles épaisses. Faites-les cuire 15 à 20 minutes à l'eau bouillante légèrement salée, jusqu'à ce qu'elles soient très tendres. Égouttez-les, puis écrasez-les à la fourchette, en incorporant le beurre à l'orange. Rectifiez l'assaisonnement.

3 **Préchauffez** le four à 210 °C (th. 7). Beurrez largement un plat à gratin. Étalez d'abord le tiers des carottes, puis les lamelles de cabillaud et recouvrez avec le reste de la purée. Parsemez de chapelure et de noisettes de beurre.

4 **Enfournez** 10 à 12 minutes afin de gratiner la surface et de réchauffer l'ensemble. Servez dans le plat de cuisson.

Déclinaison 2

# EFFEUILLÉE de cabillaud en vinaigrette au soja

**Pour 6 personnes**

**Préparation : 20 min**

500 g de cabillaud cuit

2 poignées de jeunes pousses d'épinards (ou de mâche)

1 cuil. à soupe de graines de sésame

Pour la vinaigrette

2 cuil. à soupe de sauce soja

2 cuil. à soupe de jus de citron vert

3 cuil. à soupe d'huile d'arachide

½ cuil. à café d'huile de sésame

Notes :

1 **Triez,** lavez, puis séchez soigneusement les pousses d'épinards.

2 **Effeuillez** délicatement le cabillaud avec les doigts en séparant les lamelles sans les briser.

3 **Réunissez** les ingrédients de la vinaigrette dans un bol et fouettez vivement pour bien les émulsionner. Versez-en 3 cuillerées à soupe dans un petit saladier, ajoutez la salade et remuez.

4 **Au moment** de servir, étalez les pousses d'épinards assaisonnées sur 4 petites assiettes, puis disposez les lamelles de cabillaud au centre. Nappez le poisson du reste de la vinaigrette et parsemez de graines de sésame.

Déclinaison 3

# BOUCHÉES
## *de cabillaud en gelée au curry*

**Pour 4 personnes**

**Préparation : 30 min**

**Cuisson : 1 à 2 min**

200 g de cabillaud cuit et refroidi

30 cl de fumet de poisson

1 cuil. à soupe de curry

3 feuilles de gélatine

sel et poivre du moulin

Notes : ...

1 **Coupez** le cabillaud en bouchées régulières et mettez à refroidir au réfrigérateur.

2 **Chauffez** doucement le fumet de poisson. Ajoutez le curry, goûtez et rectifiez l'assaisonnement. Faites ramollir les feuilles de gélatine dans l'eau froide. Égouttez-les, plongez-les dans le fumet chaud et remuez pour les faire fondre. Laissez refroidir.

3 **Quand** cette gelée est sur le point de prendre, mais encore fluide, sortez les bouchées de cabillaud. Piquez-les une à une avec une longue brochette et plongez-les dans le liquide pour les enrober d'une couche fine. Posez-les sur une grille au-dessus d'un plat et mettez à prendre au réfrigérateur. Renouvelez deux fois l'opération pour recouvrir le poisson d'une couche uniforme de gelée dorée. Vous pouvez aussi napper les bouchées au pinceau en les posant sur une grille et en procédant en deux ou trois fois.

4 **Servez** en entrée ou en amuse-bouches dans un buffet.

Déclinaison 4

# ACRAS
## de cabillaud

**Pour 4 personnes**
**Préparation : 30 min**
**Réfrigération : 4 h**
**Cuisson : 3 min environ**

300 g de cabillaud cuit
2 oignons nouveaux
1 petit piment vert (facultatif)
½ gousse d'ail
100 g de farine
20 cl de lait
sel et piment de Cayenne
huile de friture

Notes : ..............................

1 **Émiettez** le cabillaud à la main dans un petit saladier, puis écrasez-le finement à la fourchette. Pelez et écrasez l'ail. Épluchez les petits oignons et retirez la partie verte de la tige. Retirez les graines du piment. Hachez l'ensemble très finement.

2 **Versez** la farine dans une jatte, ajoutez un peu de sel et de piment de Cayenne, puis versez progressivement le lait, en remuant vivement jusqu'à l'obtention d'une pâte lisse et homogène. Ajoutez le cabillaud, l'ail et les oignons, puis mélangez vigoureusement. Couvrez et laissez reposer 4 heures au réfrigérateur.

3 **Dans une sauteuse,** faites chauffer l'huile de friture à 170 °C. Moulez des boules de pâte entre 2 petites cuillères et faites-les glisser dans l'huile chaude. Laissez cuire 3 à 4 minutes, jusqu'à ce que les acras soient bien dorés, en les retournant une ou deux fois. Sortez-les avec une écumoire et posez-les au fur et à mesure sur du papier absorbant. Servez chaud.

Recette principale

# LAPIN *en cocotte*

**Pour 6 personnes**

**Préparation : 20 min**

**Cuisson : 1 h 15 environ**

- 1 lapin de 1,5 kg environ, coupé en morceaux
- 1 grosse tomate
- 150 g de petits lardons
- 30 g de beurre
- 2 cuil. à soupe d'huile
- 1 gros oignon
- 1 cuil. à soupe de farine
- 1 cuil. à soupe de concentré de tomate
- 10 cl de vin blanc sec
- 10 cl de bouillon de volaille
- 1 bouquet garni (thym, laurier, persil)
- 2 gousses d'ail
- sel et poivre du moulin

**1 Hachez** l'oignon. Plongez la tomate 15 secondes dans l'eau bouillante, égouttez-la et retirez la peau. Supprimez les graines et coupez la chair en dés. Pelez les gousses d'ail.

**2 Faites chauffer** le beurre et l'huile dans une cocotte. Salez et poivrez les morceaux de lapin, puis faites-les revenir 10 à 15 minutes à feu modéré, en les retournant souvent pour les dorer. Retirez-les au fur et à mesure.

**3 Faites fondre** l'oignon et les lardons dans la cocotte, 5 minutes doucement, puis saupoudrez la farine et remuez jusqu'à ce qu'elle commence à dorer. Versez le vin blanc et le bouillon, raclez le fond pour récupérer les sucs de cuisson, puis ajoutez les dés de tomate, le concentré, l'ail et le bouquet garni.

**4 Amenez** à frémissements, remettez le lapin et rectifiez l'assaisonnement en sel et en poivre. Couvrez et laissez mijoter doucement pendant 1 heure environ. Retirez le bouquet garni et servez dans la cocotte.

**Il en reste**

*Égouttez les morceaux restants de lapin et désossez-les. Conservez la chair dans un récipient hermétique et la sauce séparément.*

**Déclinaison 1**

# EFFILOCHÉE de lapin à la crème de ciboulette

**Pour 4 personnes**

**Préparation : 30 min**

**Cuisson : 1 à 2 min**

300 g de chair de lapin cuite

100 g de mâche ou de jeunes pousses d'épinards

30 cl de bouillon de volaille

½ pomme verte (granny-smith)

½ avocat

le jus de ½ citron

150 g de yaourt nature brassé

1 à 2 cuil. à soupe de ciboulette finement ciselée

1 cuil. à café de paprika

sel et poivre du moulin

*Notes :* ..............................

..............................

..............................

**1 Triez,** lavez et essorez la mâche. Effilochez le lapin ou coupez-le en fines lamelles. Faites chauffer le bouillon de volaille dans une casserole et maintenez-le à feu très doux.

**2 Pelez** et évidez la pomme. Retirez le noyau et l'écorce de l'avocat. Recoupez chaque moitié en deux, puis en petites lamelles. Citronnez-les au fur et à mesure pour éviter qu'ils ne noircissent.

**3 Dans un bol,** réunissez le yaourt, la ciboulette et le reste du jus de citron. Ajoutez le paprika, salez, donnez quelques tours de moulin à poivre et mélangez bien.

**4 Au moment** de servir, étalez la mâche dans un plat évasé ou des coupelles, puis disposez les lamelles d'avocat et de pomme en laissant un espace au milieu.

**5 Plongez** le lapin quelques instants dans le bouillon, juste le temps de le tiédir. Retirez-le à l'aide d'une écumoire, en l'égouttant bien et disposez-le au centre du plat. Nappez de quelques cuillerées de sauce et servez le reste séparément.

Déclinaison 2

# TOASTS DE LAPIN
## *aux oignons caramélisés*

**Pour 4 personnes**

**Préparation : 20 min**

**Cuisson : 20 min**

250 g de chair de lapin cuite

4 tranches de pain aux céréales

4 oignons jaunes moyens

3 cuil. à soupe d'huile d'olive

20 g de beurre

1 cuil. à soupe de sucre en poudre blond

3 cuil. à soupe de vinaigre balsamique

quelques feuilles de basilic ciselées

sel et poivre du moulin

*Notes :*

**1 Épluchez** les oignons. Coupez-les en deux verticalement, puis émincez chaque moitié en fines lamelles.

**2 Faites chauffer** le beurre et 2 cuillerées d'huile d'olive dans une grande poêle ou une sauteuse. Quand le beurre est fondu, ajoutez les oignons et faites-les fondre 10 minutes à feu modéré, en remuant souvent. Saupoudrez le sucre et poursuivez doucement la cuisson, en remuant de temps en temps, jusqu'à ce qu'ils commencent à caraméliser. Arrosez de 2 cuillerées à soupe de vinaigre balsamique et laissez encore 2 à 3 minutes sur le feu.

**3 Effilochez** sommairement la chair de lapin avec les doigts ou à la fourchette, en laissant d'assez gros morceaux et en essayant de faire des petites lanières.

**4 Dans un saladier,** mélangez le reste du vinaigre balsamique et de l'huile d'olive, ajoutez la chair de lapin et le basilic. Salez, poivrez et remuez bien. Réservez.

**5 Faites griller** les tranches de pain. Étalez une couche d'oignon sur chaque toast, puis disposez le lapin dessus.

Déclinaison 3

# OIGNONS *doux farcis*

**Pour 4 personnes**

**Préparation : 45 min**

**Cuisson : 1 h à 1 h 15**

200 g de chair de lapin cuite

4 gros oignons doux

4 tranches de pancetta

2 cuil. à soupe de crème fraîche épaisse

50 g de parmesan fraîchement râpé

2 feuilles de sauge ciselées

1 pincée de noix de muscade râpée

2 cuil. à soupe d'huile d'olive

sel et poivre du moulin

*Notes :* ..............................

..............................

..............................



**1 Épluchez** les oignons et faites-les cuire 15 à 20 minutes à la vapeur (de préférence) ou à l'eau bouillante salée, jusqu'à ce que la pointe d'un couteau les transperce facilement. Égouttez-les.

**2 Hachez** finement la pancetta au couteau. Effilochez sommairement la chair de lapin à la fourchette, comme pour faire des rillettes. Préchauffez le four à 160 °C (th. 5-6) et huilez un plat juste assez grand pour y poser les oignons côte à côte.

**3 Coupez** un couvercle dans le haut de chaque oignon, puis creusez-les en laissant 2 épaisseurs de feuilles sur le tour.

**4 Récupérez** la pulpe et hachez-la. Faites-la revenir 5 à 10 minutes à feu moyen avec 1 cuillerée à soupe d'huile d'olive, ou jusqu'à ce que l'eau soit évaporée. Réservez les coques.

**5 Réunissez** le lapin, la pancetta, la pulpe des oignons, la crème fraîche et le parmesan dans un saladier, ajoutez la noix de muscade et la sauge, salez et poivrez, puis mélangez bien. Garnissez chaque oignon de cette farce en faisant un petit dôme, remettez les couvercles et rangez-les dans le plat. Versez 2 cuillerées à soupe d'eau chaude dans le fond et faites cuire de 40 à 45 minutes. Servez à la sortie du four.

Recette principale

# TAJINE *d'agneau*

**Pour 6 personnes**

**Préparation : 20 min**

**Cuisson : 1 h 15 à 1 h 30**

1,5 kg d'agneau désossé (épaule ou gigot), en morceaux de 100 à 120 g

2 cuil. à soupe d'huile d'olive

20 g de beurre

2 cuil. à soupe de sucre en poudre

2 cuil. à soupe d'amandes effilées

2 oignons

2 ou 3 gousses d'ail

1 noix de gingembre frais

1 pincée de pistils de safran

1 bâtonnet de cannelle

1 petit bouquet de coriandre + 1 cuil. à soupe de feuilles ciselées

sel



**1 Hachez** finement les gousses d'ail et les oignons. Pelez et râpez le gingembre.

**2 Faites chauffer** l'huile et le beurre dans une cocotte, à feu moyen. Ajoutez les oignons et l'ail, laissez-les fondre 5 minutes, puis mélangez le gingembre, le safran, la cannelle et la coriandre.

**3 Mettez** l'agneau et les amandes dans la cocotte, saupoudrez du sucre et faites revenir 2 à 3 minutes à feu modéré, en remuant. Salez, versez 30 cl d'eau, ajoutez le bouquet de coriandre et la cannelle, puis amenez à ébullition. Baissez ensuite le feu, couvrez et laissez mijoter 1 h 15 à 1 h 30.

**4 Vérifiez** qu'il reste assez de liquide pour obtenir une sauce onctueuse. Si nécessaire, ajoutez un peu d'eau ou découvrez en fin de cuisson pour la concentrer un peu. Retirez le bouquet de coriandre. Versez dans un plat chaud, ou servez dans la cocotte, en parsemant de coriandre ciselée.

**Déclinaison 1**

# PAELLA *de vermicelles à l'agneau*

**Pour 4 personnes**

**Préparation : 20 min**

**Cuisson : 20 à 25 min**

200 g d'agneau cuit et 200 g d'anneaux de calamars, frais ou décongelés (ou seulement 350 g d'agneau cuit)

50 g de petits pois (frais ou décongelés)

2 oignons

2 gousses d'ail

2 tomates bien mûres

3 cuil. à soupe d'huile

2 cuil. à café de piment doux

1 pincée de piment de Cayenne

2 pincées de pistils de safran

350 g de vermicelles de semoule de blé dur moyens (fideus n° 3)

1,5 l de bouillon de volaille

sel



**1 Faites tremper** le safran dans l'eau. Coupez l'agneau en lamelles. Plongez les tomates 15 secondes dans l'eau bouillante, pelez-les, retirez les graines et taillez-les en dés. Émincez les oignons et l'ail.

**2 Faites chauffer** 1 cuillerée à soupe d'huile dans une poêle ou un wok. Faites dorer l'ail, puis retirez-le et réservez. Ajoutez 1 autre cuillerée d'huile et versez les vermicelles. Laissez cuire 2 minutes en remuant pour les nacrer. Réservez.

**3 Versez** le reste d'huile et faites revenir les oignons 5 minutes à feu doux. Remettez l'ail, puis ajoutez les tomates, le piment doux, le piment de Cayenne, le safran et remuez. Salez légèrement et laissez mijoter une dizaine de minutes à feu doux pour dessécher le mélange.

**4 Ajoutez** les petits pois et une louche de bouillon, laissez évaporer, puis ajoutez les calamars et une seconde louche de bouillon. Mélangez et faites cuire 2 minutes.

**5 Remettez** les vermicelles, ajoutez l'agneau et versez le reste du bouillon. Faites cuire 15 à 20 minutes, les pâtes doivent absorber le liquide. Si elles sont trop fermes, ajoutez un peu de bouillon et prolongez la cuisson. Servez chaud.

Déclinaison 2

# PASTILLA

**Pour 6 à 8 personnes**
**Préparation : 30 min**
**Cuisson : 50 min**

500 g d'agneau cuit
2 oignons
100 g d'amandes mondées
6 œufs
10 feuilles de brick
4 cuil. à soupe de persil plat ciselé
4 cuil. à soupe de menthe ciselée
6 cuil. à soupe de coriandre ciselée
60 g environ de beurre fondu
1 cuil. à soupe de sucre glace
1 cuil. à soupe d'huile d'arachide
1 pincée de pistils de safran
cannelle moulue
sel

1 **Faites dorer** les amandes à feu modéré avec l'huile. Réduisez-les en poudre grossière au robot avec le sucre glace.

2 **Hachez** les oignons. Dans une cocotte, faites-les fondre avec 3 cuillerées à soupe de beurre. Ajoutez l'agneau, remuez, puis parsemez la moitié des herbes, 1 cuillerée à café de cannelle et le safran. Versez 50 cl d'eau et faites mijoter 30 minutes à feu doux. Sortez l'agneau. Coupez-le en dés ou effilochez-le.

3 **Laissez** la cocotte sur le feu et faites réduire. Versez les œufs dans cette sauce, en remuant jusqu'à ce qu'ils prennent. Ajoutez les amandes et le reste des herbes, mélangez et rectifiez l'assaisonnement. Laissez refroidir.

4 **Préchauffez** le four à 160 °C (th. 5-6) et beurrez un moule à manqué. Beurrez les feuilles de brick. Superposez-en 3 dans le moule, recouvrez de la moitié de la farce, puis de 2 autres feuilles, étalez l'agneau, puis posez 2 feuilles et le reste de farce. Rabattez les feuilles sur la garniture, posez les 3 dernières et glissez les bords à l'intérieur du moule. Faites cuire 20 minutes.

5 **Démoulez,** saupoudrez la pastilla de sucre glace et dessinez des croisillons de cannelle.

Déclinaison 3

# PETITS GRATINS
## *d'agneau à l'aubergine*

**Pour 4 personnes**

**Préparation : 30 min**

**Cuisson : 20 à 30 min**

300 à 400 g d'agneau cuit

3 aubergines moyennes

4 cuil. à soupe d'huile d'olive

30 g de beurre
+ un peu pour les plats

30 g de farine

30 cl de lait

50 g de parmesan
fraîchement râpé

sel et poivre du moulin

*Notes :* ............................

..........................................

..........................................

**1 Épluchez** les aubergines et coupez-les en petits cubes. Faites-les revenir dans une poêle à feu assez vif, avec l'huile d'olive, en remuant fréquemment, jusqu'à ce qu'elles soient fondantes et commencent à dorer. Égouttez-les dans une passoire. Salez et réservez.

**2 Préparez** une béchamel : faites fondre le beurre dans une casserole, ajoutez la farine en remuant vivement et laissez cuire 2 minutes à feu modéré. Sans cesser de remuer, délayez lentement avec le lait. Portez à ébullition et laissez cuire 3 à 4 minutes, en remuant toujours. Retirez du feu, salez et poivrez.

**3 Effilochez** l'agneau à la fourchette, en laissant de grosses miettes. Préchauffez le four à 180 °C (th. 6). Beurrez 4 plats à gratin individuels.

**4 Étalez** la moitié des aubergines dans les plats, recouvrez d'agneau, puis d'une seconde couche d'aubergines. Nappez de béchamel et parsemez de parmesan. Enfournez et faites cuire 15 à 20 minutes, jusqu'à ce que la surface soit bien gratinée. Servez directement dans les plats de cuisson.

Déclinaison 4

# RILLETTES d'agneau aux abricots et au miel

**Pour 6 personnes**

**Préparation : 30 min**

**Cuisson : 1 h 10**

300 g d'agneau cuit

1 petit oignon

3 abricots secs

1 gousse d'ail

1 cuil. à soupe de miel

1 cuil. à café de cumin moulu

1 pointe de couteau de cannelle

25 cl environ de bouillon de volaille

1 cuil. à soupe d'huile d'olive

sel et poivre du moulin

Notes :

**1 Pelez** la gousse d'ail. Coupez les abricots en dés et la viande en gros cubes.

**2 Émincez** l'oignon. Faites-le fondre 10 minutes à feu doux avec l'huile d'olive jusqu'à ce qu'il soit tendre et translucide. Ajoutez l'agneau et les abricots, l'ail, le miel et les épices, salez et poivrez, puis recouvrez juste de bouillon. Amenez à frémissements, couvrez et laissez cuire 1 heure environ à feu doux, ou jusqu'à ce que la viande se défasse spontanément et qu'il ne reste qu'un jus épais. Remuez de temps en temps.

**3 Transvasez** dans un grand bol, puis mélangez vivement à la spatule ou à la fourchette, pour que la viande s'effiloche assez finement. Goûtez, rectifiez l'assaisonnement et remuez à nouveau.

**4 Placez** en terrine ou dans des petits pots, laissez refroidir et gardez au réfrigérateur. Remettez à température ambiante avant de servir.

Recette principale

**Pour 8 personnes**

**Préparation : 20 min**

**Cuisson : 3 h 30**

800 g de plat de côtes de bœuf

800 g de jarret de bœuf

600 g de gîte de bœuf

600 g de queue de bœuf

4 à 8 tronçons d'os à moelle

8 carottes

4 navets

8 pommes de terre

4 blancs de poireau

2 petites branches de céleri

2 oignons

3 clous de girofle

1 bouquet garni (thym, laurier et persil plat)

gros sel et poivre en grains

Pour servir

fleur de sel

pain de campagne

cornichons

moutardes



# POT-AU-FEU

**1 Épluchez** les oignons et piquez-les de clous de girofle. Mettez les viandes dans un faitout, recouvrez-les d'eau froide, salez, ajoutez les oignons, le poivre et le bouquet garni. Amenez à ébullition, puis baissez le feu et faites cuire 3 heures environ à petits frémissements, en écumant régulièrement.

**2 Épluchez** les légumes. Faites 2 petites bottes en liant ensemble 3 blancs de poireau et 1 branche de céleri. Ajoutez les carottes et les navets entiers ainsi que les bottes de légumes et les os à moelle dans le faitout. Poursuivez la cuisson 30 minutes.

**3 Pendant ce temps,** faites cuire les pommes de terre séparément à l'eau bouillante salée, 25 à 30 minutes selon leur taille. Égouttez-les. Faites griller des tranches de pain.

**4 Égouttez** les viandes et mettez-les dans un plat chaud. Disposez les légumes et les os à moelle autour. Servez le bouillon à côté, avec le pain grillé pour la moelle, de la fleur de sel, des cornichons et diverses moutardes.

**Il en reste**

*Égouttez soigneusement les restes de viande et filtrez le bouillon. Remettez-les ensemble, couvrez et gardez au réfrigérateur, ou congelez par petites quantités.*

Déclinaison 1

# PETITS *farcis*

**Pour 4 personnes**

**Préparation : 45 min**

**Cuisson : 2 h 10**

400 g de bœuf cuit en pot-au-feu (ou 200 g + 200 g de chair à saucisse fine)

4 petites courgettes rondes

4 tomates rondes de taille identique

1 oignon

1 œuf

1 belle gousse d'ail

3 cuil. à soupe de parmesan râpé

2 cuil. à soupe de persil plat ciselé

2 cuil. à soupe de chapelure

2 cuil. à soupe d'huile d'olive + un peu pour le plat

20 g de beurre

sel et poivre du moulin

**1 Lavez** les légumes. Coupez un chapeau au sommet de chacun d'eux, puis creusez-les. Récupérez la chair et taillez-la en petits dés. Salez l'intérieur des tomates et retournez-les sur une grille.

**2 Hachez** finement le bœuf au couteau après avoir retiré les parties grasses et les cartilages. Hachez l'oignon. Écrasez l'ail. Faites-les revenir 10 minutes à feu doux, avec l'huile, puis ajoutez la pulpe des légumes et laissez mijoter jusqu'à ce que l'eau soit évaporée, en remuant régulièrement.

**3 Versez** dans un saladier. Ajoutez le bœuf, éventuellement la chair à saucisse, le parmesan, le persil et l'œuf, salez et poivrez, puis mélangez. Préchauffez le four à 150 °C (th. 5). Huilez un plat à gratin.

**4 Remplissez** les légumes de farce en faisant un dôme. Rangez-les dans le plat, saupoudrez de chapelure et posez une noisette de beurre sur chacun. Versez 10 cl d'eau au fond du plat et faites cuire 2 heures environ. Couvrez de papier aluminium dès que la surface est colorée et ajoutez un peu d'eau de temps en temps.

Déclinaison 2

# SALADE *de bœuf aux câpres*

**Pour 4 personnes**

**Préparation : 20 min**

**Réfrigération : 15 min**

- 400 g de bœuf cuit en pot-au-feu
- 1 cuil. à soupe d'olives noires dénoyautées
- 1 cuil. à café de moutarde mi-forte
- 1 cuil. à soupe de vinaigre de vin
- 1 cuil. à soupe de bouillon de cuisson du pot-au-feu
- 3 cuil. à soupe d'huile d'olive
- 1 ½ cuil. à soupe de câpres égouttées
- 1 cuil. à soupe de feuilles de basilic ciselées + quelques feuilles
- 2 feuilles de laitue moyennes
- 1 petite poignée de roquette
- sel et poivre du moulin



**1 Dégraissez** et dénervez soigneusement le bœuf. Coupez-le en petites lamelles. Hachez finement les olives au couteau.

**2 Mélangez** dans un saladier la moutarde, le vinaigre, un peu de sel et de poivre. Versez ensuite le bouillon et l'huile d'olive en fouettant vivement pour émulsionner l'ensemble.

**3 Ajoutez** le bœuf, les câpres, les olives, le basilic et remuez bien. Placez 15 minutes au réfrigérateur.

**4 Rincez** et épongez les feuilles de laitue et la roquette. Ciselez la laitue. Au dernier moment, ajoutez-les à la salade de bœuf et remuez bien.

Déclinaison 3

# EMPANADAS

**Pour 12 chaussons**

**Préparation : 45 min**

**Cuisson : 30 min**

300 g de bœuf cuit en pot-au-feu

600 g de pâte brisée ou feuilletée

2 oignons

1 poivron vert

1 œuf dur (facultatif)

40 g d'olives vertes dénoyautées

40 g de raisins secs

1 cuil. à café de cumin moulu

1 cuil. à café de piment doux

quelques gouttes de Tabasco®

2 cuil. à soupe d'huile d'olive

1 jaune d'œuf battu avec un peu d'eau

sel

**1 Faites tremper** les raisins dans un bol d'eau bouillante pendant le reste de la préparation, puis égouttez-les. Hachez le bœuf. Pelez et hachez très finement les oignons. Taillez le poivron en très petits dés après avoir retiré les graines et le pédoncule. Écalez l'œuf dur, puis écrasez-le à la fourchette. Hachez les olives au couteau.

**2 Faites fondre** les oignons et le poivron 15 minutes environ à feu doux, avec l'huile d'olive, jusqu'à ce qu'ils soient tendres et translucides. Transvasez dans un saladier, ajoutez le bœuf, l'œuf et les olives, les raisins, un peu de Tabasco® et les épices. Salez et mélangez bien l'ensemble.

**3 Préchauffez** le four à 180 °C (th. 6). Déroulez la pâte et découpez 12 disques de 16 cm environ. Répartissez la farce au centre, humidifiez le tour et repliez en demi-lune. Soudez bien les bords et dorez la surface au jaune d'œuf.

**4 Rangez** les chaussons sur une plaque recouverte de papier sulfurisé et faites cuire 12 à 15 minutes, jusqu'à ce qu'ils soient bien dorés. Servez chaud.

Recette principale

# PETIT SALÉ
## *aux lentilles*

**Pour 6 personnes**

**Préparation : 15 min**

**Trempage : 2 h**

**Cuisson : 1 h à 1 h 15**

1,2 à 1,5 kg de petit salé (échine de porc, plat de côtes)

500 g de lentilles

2 oignons moyens

2 clous de girofle

1 petite carotte

1 gousse d'ail

1 bouquet garni (thym, persil, laurier)

20 g de beurre

sel et poivre du moulin

*Notes :* ..............................

..............................

..............................

**1 Faites tremper** le petit salé au moins 2 heures dans l'eau froide renouvelée une ou deux fois. Égouttez-le, mettez-le dans une casserole, couvrez d'eau froide et amenez à la limite de l'ébullition. Faites cuire 30 minutes à très petits frémissements.

**2 Pelez** les oignons et piquez-les d'un clou de girofle. Épluchez la carotte et l'ail. Rincez les lentilles à l'eau courante. Versez-les dans une cocotte avec les oignons, la carotte, l'ail et le bouquet garni. Salez et poivrez. Couvrez d'eau et amenez à ébullition. Faites cuire 30 minutes à très petits frémissements.

**3 Égouttez** le petit salé et mettez-le au milieu des lentilles. Poursuivez la cuisson à feu très doux 30 à 45 minutes : les lentilles doivent être tendres, sans éclater. Posez le petit salé sur un plat creux très chaud.

**4 Retirez** le thym, le laurier et l'oignon des lentilles. Videz l'eau de cuisson, en maintenant un couvercle sur le faitout pendant que vous l'inclinez, puis ajoutez le beurre et remuez pour le faire fondre. Disposez les lentilles autour du petit salé avant de servir.

**Il en reste**

*Retirez le petit salé des lentilles et conservez-les séparément.*

Déclinaison 1

# LENTILLES
## à l'indienne, comme un dahl

**Pour 4 personnes**

**Préparation : 20 min**

**Cuisson : 25 à 30 min**

400 g de lentilles cuites

2 tomates

1 oignon

1 gousse d'ail

1 cuil. à soupe d'huile

1 cuil. à café de curcuma

1 noisette de gingembre frais

½ cuil. à café de cumin moulu

1 cuil. à café de piment doux moulu

1 pincée de cannelle moulue

1 pincée de piment fort moulu

20 cl de lait de coco

1 petite poignée de coriandre ciselée

sel et poivre

**1 Pelez** les tomates après les avoir plongées 15 secondes dans l'eau bouillante. Retirez les graines et coupez-les en dés. Hachez finement l'oignon. Pelez et écrasez la gousse d'ail.

**2 Faites chauffer** l'huile dans une cocotte. Faites fondre l'oignon et l'ail 5 minutes, puis ajoutez les tomates et laissez cuire jusqu'à ce qu'elles s'écrasent un peu. Versez 10 cl d'eau et saupoudrez toutes les épices. Salez, poivrez et faites cuire 5 minutes, en remuant de temps en temps. Versez le lait de coco, salez, poivrez et mélangez.

**3 Ajoutez** les lentilles et poursuivez la cuisson à feu doux 15 à 20 minutes, en remuant régulièrement, jusqu'à ce qu'elles commencent à éclater et à s'écraser. Goûtez, rectifiez l'assaisonnement et ajustez la consistance en ajoutant plus ou moins d'eau selon l'onctuosité désirée (plus liquide s'il s'agit d'une soupe).

**4 Servez** très chaud, parsemé de coriandre.

Déclinaison 2

# PILAF D'ORGE
## *perlé au demi-sel*

**Pour 4 personnes**

**Préparation : 20 min**

**Cuisson : 45 min**

200 à 250 g de petit salé

200 g d'orge perlé

1 carotte

1 blanc de poireau

15 cm de tige de céleri

1 oignon

40 g de beurre

75 à 90 cl de bouillon de volaille (3 fois le volume de l'orge)

sel et poivre du moulin

Notes : ..............................

**1 Coupez** le petit salé en dés, après avoir retiré l'essentiel des parties grasses. Hachez finement l'oignon. Pelez et lavez les autres légumes. Taillez-les en très petits dés.

**2 Faites fondre** le beurre dans une sauteuse. Quand il commence à mousser, ajoutez tous les légumes et laissez étuver très doucement pendant 10 minutes environ, en remuant souvent, jusqu'à ce qu'ils soient bien tendres. Ajoutez le petit salé, remuez bien et laissez encore 5 minutes à feu doux.

**3 Versez** l'orge en pluie dans la sauteuse, remuez 1 à 2 minutes pour bien l'enrober des légumes et ajoutez trois fois son volume de bouillon. Portez à frémissements, puis baissez le feu, salez et poivrez. Couvrez et faites cuire 30 minutes environ, jusqu'à ce que tout le bouillon soit absorbé et que l'orge soit tendre. Si nécessaire, ajoutez un peu de bouillon pour que le mélange reste moelleux.

**4 Vérifiez** la cuisson. Aérez les graines à l'aide d'une fourchette avant de servir.

Déclinaison 3

# SOUFFLÉS « demi-sel »

**Pour 4 personnes**

**Préparation : 30 min**

**Cuisson : 20 min**

200 g de petit salé

10 cl environ de bouillon de volaille

4 œufs + 1 blanc

25 cl de lait

30 g de farine

20 g de beurre ramolli, pour les moules

sel et poivre du moulin

Notes :

1 **Beurrez** l'intérieur de 4 moules à soufflé au pinceau. Enduisez une seconde fois les parois, de bas en haut. Réservez au réfrigérateur.

2 **Coupez** le petit salé en cubes et mettez-le dans le bol d'un robot avec le bouillon. Mixez-le très finement.

3 **Mélangez** la farine et 4 jaunes d'œufs dans une casserole, puis délayez lentement avec le lait, en fouettant pour obtenir une crème très lisse. Faites épaissir 3 à 4 minutes à feu très doux, sans cesser de remuer, puis retirez du feu. Ajoutez la purée de petit salé, salez, poivrez et mélangez. Si nécessaire, détendez avec du bouillon : la préparation doit être épaisse, mais fluide.

4 **Préchauffez** le four à 210 °C (th. 7). Battez 5 blancs d'œufs en neige très ferme avec une pincée de sel. Mélangez-en 2 cuillerées à soupe à la préparation précédente, en remuant vivement pour l'alléger, puis incorporez très délicatement le reste, en soulevant de bas en haut pour ne pas les briser.

5 **Remplissez** les moules à 1 cm en dessous du bord, sans faire de coulures. Enfournez, baissez la température à 180 °C (th. 6) et faites cuire 15 minutes environ. Servez dès la sortie du four, avant que les soufflés ne retombent.

Déclinaison 4

# SALADE de lentilles en vinaigrette crémée

**Pour 4 personnes**

**Préparation : 30 min**

**Cuisson : 4 à 6 min**

200 g de petit salé

200 g de lentilles

4 œufs très frais

2 cuil. à soupe de vinaigre

Pour la vinaigrette

1 échalote

1 cuil. à café de moutarde mi-forte

1 cuil. à café de vinaigre de vin

2 cuil. à soupe d'huile de tournesol

2 cuil. à soupe de crème liquide

sel et poivre du moulin



1 **Coupez** le petit salé en dés, comme des lardons, ou en petites lanières.

2 **Pochez** les œufs l'un après l'autre pendant 4 minutes, dans l'eau bouillante additionnée de vinaigre. Égouttez-les sur un linge et égalisez les bords aux ciseaux. Vous pouvez aussi les cuire mollets : plongez-les 6 minutes dans l'eau bouillante, refroidissez-les, puis écalez-les délicatement.

3 **Préparez** la vinaigrette : hachez très finement l'échalote. Dans un saladier, mélangez le sel et le vinaigre, donnez quelques tours de moulin à poivre, puis ajoutez la moutarde. Versez successivement l'huile et la crème en fouettant pour émulsionner le mélange. Ajoutez l'échalote.

4 **Plongez** les lentilles 2 minutes dans une casserole d'eau bouillante légèrement salée, pour les réchauffer. Égouttez-les avec soin, puis versez-les dans le saladier. Ajoutez les dés de petit salé et remuez bien.

5 **Répartissez** les lentilles dans des assiettes évasées en marquant un petit creux au centre avec le dos d'une cuillère pour y poser un œuf. Servez aussitôt.

Recette principale

# POULET
## *gros sel aux légumes anciens*

**Pour 6 personnes**

**Préparation : 30 min**

**Cuisson : 1 h 50 à 2 h**

1 poulet fermier de 1,8 à 2 kg, prêt à cuire

200 g de carottes grelots

200 g de petites carottes jaunes

1 panais

400 g de potimarron

2 navets boule d'or

1 clou de girofle

1 oignon

1 branche de thym

1 branche de persil

gros sel et poivre en grains

fleur de sel

moutardes

**1 Préparez** le bouillon : piquez le clou de girofle dans l'oignon. Mettez-le dans une casserole avec le thym et le persil, 1,5 l d'eau et amenez à ébullition. Baissez le feu et faites cuire 50 minutes à petits frémissements. Filtrez ce bouillon.

**2 Rincez** l'extérieur et l'intérieur du poulet. Ficelez-le. Mettez-le dans un faitout et recouvrez-le du bouillon. Salez et poivrez. Amenez à la limite de l'ébullition et faites cuire 40 minutes à petits frémissements.

**3 Préparez** les légumes. Grattez les carottes. Coupez la chair de potimarron en gros cubes. Épluchez le panais et les navets. Laissez les plus petits entiers, coupez les plus gros et le panais en deux ou en quatre dans la hauteur. Mettez-les dans le bouillon avec le poulet, poursuivez la cuisson 20 à 30 minutes, à la limite de l'ébullition.

**4 Sortez** le poulet et découpez-le. Disposez les légumes autour. Servez avec de la fleur de sel et des moutardes.

**Il en reste**

*Désossez ce qui reste du poulet. Retirez la peau. Mettez la chair dans un récipient hermétique. Filtrez le bouillon et conservez-le séparément.*

Déclinaison 1

# POTAGE AU POULET,
## *galanga et lait de coco*

**Pour 4 personnes**

**Préparation : 15 min**

**Cuisson : 35 à 40 min**

50 g de chair de poulet pochée

60 cl de bouillon de volaille (cuisson du poulet)

60 cl de lait de coco

1 cuil. à café de sucre de palme (ou de sucre blond)

2 tiges de citronnelle

2 échalotes rouges

2 racines de coriandre

2 feuilles de lime

1 à 3 petits piments (selon le goût)

1 morceau de 5 cm de galanga

2 cuil. à soupe de nuoc-mâm (sauce de poisson)

1 cuil. à soupe de jus de citron vert

1 cuil. à soupe de feuilles de coriandre ciselées

1 **Grattez** et lavez les racines de coriandre. Écrasez-les légèrement au mortier (à défaut, remplacez-les par 3 tiges entières). Émincez finement les échalotes. Retirez le vert des tiges de citronnelle, puis aplatissez la partie blanche avec le plat de la lame d'un couteau. Lavez, épépinez et émincez les piments. Pelez le galanga et coupez-le en fines rondelles.

2 **Versez** le bouillon et le lait de coco dans une casserole. Ajoutez la citronnelle, le sucre, la moitié des piments et des échalotes, les feuilles de lime et le galanga. Faites cuire 30 minutes à très petits frémissements, puis filtrez le mélange dans une autre casserole.

3 **Effilochez** le poulet. Mettez-le dans le bouillon avec le jus de citron, le nuoc-mâm et le reste des échalotes. Laissez mijoter 5 à 10 minutes pour réchauffer l'ensemble et versez dans des bols. Parsemez de coriandre et du reste des piments.

**Déclinaison 2**

# NOUILLES
## *sautées au poulet et au soja*

**Pour 4 personnes**

**Préparation : 20 min**

**Cuisson : 8 min**

200 g de chair de poulet pochée

100 g de nouilles chinoises aux œufs

1 gousse d'ail

2 échalotes rouges

1 tige de citronnelle

1 rondelle de gingembre frais

1 petit piment (facultatif)

2 cuil. à soupe de nuoc-mâm

1 cuil. à café de sauce soja

1 cuil. à soupe de jus de citron vert

10 cl de bouillon de cuisson du poulet

50 g de germes de soja

2 cuil. à soupe d'huile de maïs ou de tournesol

sel

1 **Épluchez** et hachez finement l'ail, le gingembre, le piment et les échalotes. Supprimez le vert de la tige de citronnelle, puis émincez-la finement. Coupez le poulet en petites lamelles.

2 **Faites cuire** les nouilles 2 minutes environ à l'eau bouillante légèrement salée. Égouttez-les.

3 **Versez** l'huile dans un wok placé à feu vif. Quand elle est bien chaude, faites revenir l'ail, le gingembre, la citronnelle et le piment pendant 1 minute. Ajoutez le poulet et faites-le sauter 1 minute.

4 **Ajoutez** les nouilles et poursuivez la cuisson encore 1 minute à feu vif, sans cesser de remuer.

5 **Versez** le jus de citron vert, le bouillon, le nuoc-mâm et la sauce soja. Ajoutez le soja, mélangez et laissez cuire encore 1 à 2 minutes. Servez aussitôt.

Déclinaison 3

# JAMBALAYA

**Pour 6 personnes**

**Préparation : 25 min**

**Cuisson : 30 à 35 min**

250 g de chair de poulet pochée

60 à 70 cl de bouillon de cuisson du poulet

150 g de petits lardons

1 poivron vert

1 oignon

15 cm de tige de céleri

2 gousses d'ail

300 g de riz longs grains

200 g de dés de tomate au naturel (en conserve)

3 cuil. à soupe d'huile d'olive

1 cuil. à soupe de piment doux

1 pincée de piment de Cayenne

quelques gouttes de Tabasco® (facultatif)

sel et poivre du moulin



1 **Hachez** l'oignon, le poivron, le céleri et l'ail. Faites-les fondre ensemble 10 minutes environ, dans une grande sauteuse à feu doux, avec l'huile d'olive.

2 **Ajoutez** le poulet et les lardons, faites-les revenir 2 à 3 minutes en remuant, puis versez le riz dans la sauteuse. Remuez à nouveau 2 minutes avec une cuillère en bois pour bien enrober les grains.

3 **Ajoutez** les dés de tomate, le piment, le Cayenne et versez les trois quarts du bouillon de poulet. Amenez à frémissements, couvrez et faites cuire 15 à 20 minutes à feu doux, jusqu'à ce que les grains soient tendres. Ajoutez un peu de bouillon au fur et à mesure que le riz l'absorbe, par petites quantités pour qu'il ne reste pas de liquide en fin de cuisson.

4 **Goûtez,** rectifiez l'assaisonnement et ajoutez éventuellement un peu de Tabasco®. Mélangez et réchauffez bien l'ensemble avant de servir.

Recette principale

# NAVARIN *printanier*

**Pour 6 personnes**

**Préparation : 30 min**

**Cuisson : 1 h 20**

1,5 kg d'épaule d'agneau, en morceaux

2 cuil. à soupe d'huile

30 g de beurre

2 cuil. à soupe rases de farine

250 g de dés de tomate en conserve (ou 2 tomates fraîches moyennes, pelées, épépinées et coupées en dés)

300 g de carottes nouvelles

200 g de navets nouveaux

200 g d'oignons nouveaux

300 g de petits pois (frais ou surgelés)

300 g de haricots verts fins

2 gousses d'ail

1 bouquet garni (thym, persil, laurier)

1 cuil. à soupe de feuilles de persil plat ciselées

sel et poivre du moulin



**1 Pelez** l'ail, puis écrasez-le avec le plat d'une lame de couteau. Mettez l'huile et le beurre à chauffer dans une cocotte et faites dorer l'agneau à feu assez vif, en le retournant. Sortez-le au fur et à mesure.

**2 Videz** une grande partie de la graisse de cuisson, puis remettez l'agneau à feu modéré. Saupoudrez la farine, mélangez et laissez cuire 1 à 2 minutes pour qu'elle blondisse. Salez et poivrez, ajoutez l'ail, le bouquet garni, la tomate et couvrez la viande avec de l'eau. Amenez à ébullition, puis baissez le feu. Couvrez et laissez mijoter 1 heure environ.

**3 Épluchez** les légumes. Faites-les cuire séparément à l'eau bouillante salée, en les gardant fermes : 2 minutes pour les petits pois, 5 minutes pour les autres. Égouttez-les soigneusement.

**4 Ajoutez** les légumes dans la cocotte et faites cuire 15 à 20 minutes à feu doux. Retirez le bouquet garni et rectifiez l'assaisonnement. Servez chaud, en parsemant de persil.

**Il en reste**

*Séparez le reste de l'agneau de la garniture et de la sauce. Conservez-le au réfrigérateur dans un récipient hermétique.*

Déclinaison 1

# CASSOLETTES
## d'agneau aux cocos

**Pour 6 personnes**

**Préparation : 20 min**

**Cuisson : 15 à 20 min**

300 g d'agneau cuit

600 g de haricots blancs cuits au naturel (en conserve)

1 oignon

20 cl de bouillon de volaille

1 cuil. à café de piment doux moulu

1 pincée de piment de Cayenne

1 cuil. à café de concentré de tomate

2 cuil. à soupe de chapelure

1 cuil. à soupe de graisse d'oie (ou d'huile)

20 g de beurre

sel

1 **Rincez** les haricots et égouttez-les. Coupez l'agneau en cubes de 3 cm.

2 **Hachez** l'oignon. Faites-le fondre 10 minutes à feu doux avec la graisse d'oie, jusqu'à ce qu'il commence à dorer. Versez le bouillon, ajoutez le concentré de tomate, le piment, le Cayenne et mélangez. Goûtez et salez si nécessaire.

3 **Préchauffez** le four à 210 °C (th. 7). Beurrez 6 cassolettes individuelles.

4 **Ajoutez** les haricots et l'agneau et remuez pour les enrober de sauce. Réchauffez quelques minutes à feu doux, puis répartissez le mélange dans les cassolettes. Parsemez de chapelure et de noisettes de beurre. Enfournez pour 5 à 10 minutes, jusqu'à ce que la chapelure soit dorée. Servez dès la sortie du four.

Déclinaison 2

# CROUSTADE
## de pommes de terre à l'agneau

**Pour 4 personnes**

**Préparation : 15 min**

**Cuisson : 1 h à 1 h 15**

400 g d'agneau cuit

600 g de pommes de terre moyennes

1 gros oignon

2 cuil. à soupe d'huile d'olive

20 cl de bouillon de volaille

25 g de beurre

1 cuil. à café d'origan

sel et poivre du moulin

1 **Brossez** les pommes de terre sous l'eau froide. Faites-les cuire 30 à 40 minutes à l'eau bouillante salée. Égouttez-les et retirez la peau. Coupez-les en rondelles de 2 à 3 mm d'épaisseur.

2 **Effilochez** l'agneau. Émincez l'oignon. Faites-le fondre 10 à 15 minutes à feu modéré avec l'huile. Quand il commence à dorer, versez le bouillon, augmentez un peu le feu et faites réduire d'un tiers. Ajoutez l'agneau, salez, poivrez et mélangez.

3 **Préchauffez** le four à 180 °C (th. 6). Beurrez un plat à gratin.

4 **Étalez** la moitié des pommes de terre dans le plat, en les faisant se chevaucher. Recouvrez du mélange oignon-agneau, puis disposez le reste des pommes de terre. Parsemez de noisettes de beurre et d'un peu d'origan, enfournez pour 15 minutes environ, ou jusqu'à ce que la surface commence à dorer. Servez aussitôt.

Notes : ..............................

Déclinaison 3

# BOULETTES
## *d'agneau à la niçoise*

**Pour 4 personnes**

**Préparation : 30 min**

**Cuisson : 45 à 50 min**

400 g d'agneau cuit

1 gousse d'ail

1 oignon

400 g de dés de tomate au naturel (en conserve)

1 cuil. à soupe de chapelure

1 œuf battu

2 cuil. à soupe d'huile d'olive

2 cuil. à soupe d'olives noires dénoyautées

1 branche de thym

sel et poivre du moulin

*Notes :* ..............................

..............................

..............................

**1 Émincez** l'ail. Hachez finement l'oignon. Faites-le fondre 5 à 10 minutes avec l'huile d'olive, dans une sauteuse à feu moyen. Ajoutez les tomates, l'ail et le thym, amenez à frémissements, puis baissez le feu et laissez mijoter 30 minutes.

**2 Hachez** l'agneau à la grille fine, puis mettez-le dans un saladier avec l'œuf et la chapelure. Salez, poivrez et mélangez pour bien homogénéiser l'ensemble. Humidifiez vos mains et formez des boulettes de la taille d'une grosse noix.

**3 Mettez** ces boulettes dans la sauce et enrobez-les en remuant délicatement, car elles sont assez fragiles. Ajoutez les olives et laissez mijoter 10 minutes à feu doux.

**4 Retirez** la branche de thym et servez dans un plat creux bien chaud.

Déclinaison 4

# POIVRONS *farcis*

**Pour 4 personnes**

**Préparation : 30 min**

**Cuisson : 1 h**

250 g d'agneau cuit

4 poivrons de forme régulière (verts ou rouges)

100 g de fromage de chèvre frais

1 œuf battu

1 cuil. à soupe de persil plat ciselé (ou de coriandre)

2 cuil. à soupe d'huile d'olive + un peu pour le plat

sel et poivre du moulin

1 **Effilochez** l'agneau à la fourchette, en laissant de grosses miettes. Lavez et essuyez les poivrons. Coupez un couvercle dans le haut (ou coupez-les en deux dans la hauteur). Retirez le pédoncule, les membranes et les graines.

2 **Émiettez** le fromage de chèvre dans un bol, puis écrasez-le à la fourchette avec l'huile d'olive. Ajoutez l'agneau, l'œuf battu et le persil ou la coriandre, salez et poivrez, puis mélangez pour obtenir une farce bien homogène.

3 **Préchauffez** le four à 180 °C (th. 6). Huilez légèrement un plat à gratin, juste assez grand pour contenir les poivrons. Remplissez-les de farce, replacez les couvercles et rangez-les côte à côte dans le plat.

4 **Enfournez** pour 1 heure environ en couvrant d'une feuille d'aluminium à mi-cuisson si la coloration est trop rapide. Servez chaud.

*Notes :* ............................

Recette principale

# QUASI DE VEAU
## *mijoté en cocotte*

**Pour 6 à 8 personnes**

**Préparation : 30 min**

**Cuisson : 2 h à 2 h 30**

1 quasi de veau de 1,8 kg environ

30 g de beurre

1 cuil. à soupe d'huile d'olive

2 carottes

2 oignons

1 branche de céleri

50 cl de fond de veau

1 bouquet garni (thym, laurier, persil)

sel et poivre du moulin

*Notes :* ..............................

1 **Épluchez** et rincez les légumes. Émincez finement carottes et oignons, taillez le céleri en petits dés.

2 **Salez** et poivrez le rôti. Faites-le dorer à feu moyen dans une cocotte, avec le beurre et l'huile, en le retournant plusieurs fois pour le colorer. Retirez-le et videz presque toute la graisse de cuisson pour n'en conserver que 2 cuillerées à soupe. Laissez la cocotte à feu doux et faites fondre les légumes 10 à 15 minutes, jusqu'à ce qu'ils soient bien tendres.

3 **Posez** le rôti sur les légumes, ajoutez le bouquet garni et versez le fond de veau. Amenez à petits frémissements et laissez mijoter 1 h 30 à 2 heures, en le retournant deux ou trois fois. La viande doit être très tendre.

4 **Sortez** la viande et coupez-la en tranches. Disposez-la sur un plat et gardez au chaud. Retirez le bouquet garni, mixez le jus de cuisson pendant 5 à 10 secondes et filtrez-le. Faites-le réduire à petits bouillons pour lui donner une consistance plus onctueuse. Nappez-en la viande avant de servir.

**Il en reste**

*Tranchez la viande au fur et à mesure pour conserver un morceau de rôti entier. Gardez-le au frais enveloppé de film alimentaire.*

Déclinaison 1

# AXOA

**Pour 4 personnes**
**Préparation : 20 min**
**Cuisson : 1 h environ**

500 g de rôti de veau refroidi
1 oignon
6 piments verts doux
½ poivron rouge
3 cuil. à soupe d'huile d'olive
1 gousse d'ail
10 cl de vin blanc
sel
piment d'Espelette

Notes : ..............................

1 **Émincez** l'oignon. Pelez la gousse d'ail. Retirez le pédoncule et les graines des piments et du poivron, puis taillez-les en petites lanières. Coupez la viande en lamelles.

2 **Dans une cocotte,** faites fondre l'oignon 10 à 15 minutes à feu doux avec l'huile d'olive. Ajoutez l'ail, les piments et le poivron, remuez et laissez cuire doucement pendant 15 minutes.

3 **Ajoutez** la viande, versez le vin blanc et autant d'eau. Salez et pimentez. Mélangez, amenez doucement à frémissements, puis couvrez la cocotte et laissez mijoter 30 minutes à feu doux. Si nécessaire, découvrez pour qu'il ne reste pratiquement plus de liquide en fin de cuisson.

4 **Rectifiez** l'assaisonnement. Servez chaud ou laissez tiédir un peu.

Déclinaison 2

# VITELLO *tonnato*

**Pour 6 personnes**

**Préparation : 20 min**

**Réfrigération : 2 h**

600 g de rôti de veau refroidi

100 g de thon au naturel

2 anchois au sel ou 4 filets à l'huile

1 jaune d'œuf

15 cl d'huile d'olive

5 à 10 cl de bouillon de volaille

1 cuil. à soupe de câpres

sel et poivre du moulin

Notes : ..............................

..............................

..............................

**1 Si vous utilisez** des filets d'anchois à l'huile, égouttez-les. S'ils sont salés, faites-les tremper 20 à 30 minutes dans l'eau froide. Égouttez-les, ouvrez-les délicatement et retirez les arêtes. Rincez-les. Égouttez le thon. Mixez-les ensemble avec un peu de bouillon pour obtenir une purée épaisse et lisse.

**2 Préparez** une mayonnaise avec le jaune d'œuf et l'huile. Si elle est très épaisse, détendez-la avec 1 cuillerée à soupe de bouillon.

**3 Mélangez** la mayonnaise et la purée de thon. Rectifiez l'assaisonnement.

**4 Coupez** le rôti de veau en tranches fines. Recouvrez-les de sauce au thon et disposez-les sur un plat en les faisant se chevaucher. Parsemez les câpres et placez au moins 2 heures au frais.

Déclinaison 3

# PETITS PAINS *de veau*

**Pour 4 personnes**

**Préparation : 30 min**

**Cuisson : 30 à 35 min**

500 g de rôti de veau cuit, refroidi

3 œufs

180 g de purée de tomates

80 g de mie de pain rassis

10 cl de bouillon de volaille

3 cuil. à soupe de fines herbes ciselées (ciboulette, cerfeuil, un peu d'estragon)

15 g de beurre + un peu pour les moules

15 g de farine

15 cl de lait

sel et poivre du moulin

Pour servir

sauce tomate



**1 Faites tremper** la mie de pain dans le bouillon, puis essorez-la. Hachez grossièrement le veau.

**2 Préparez** une béchamel : faites fondre le beurre, ajoutez la farine en remuant et laissez cuire 2 minutes à feu doux. Délayez lentement avec le lait, amenez à ébullition et laissez cuire 3 à 4 minutes.

**3 Ajoutez** le veau, la mie de pain, la purée de tomates et les herbes. Salez, poivrez et mélangez. Retirez du feu, puis incorporez les œufs en remuant.

**4 Préchauffez** le four à 180 °C (th. 6). Beurrez des petits moules à cakes. Remplissez-les de la préparation et placez-les dans un plat contenant de l'eau bouillante. Enfournez pour 30 minutes. Laissez reposer 5 minutes et démoulez. Servez chaud avec une sauce tomate.

Recette principale

# MAGRETS de canard laqués

**Pour 6 personnes**

**Préparation : 5 min**

**Cuisson : 10 à 16 min**

3 magrets de canard

3 cuil. à soupe de sauce soja

1 cuil. à soupe de sucre brun

1 cuil. à soupe de vinaigre de riz

sel et poivre du moulin

**1 Retirez** les parties grasses, le nerf et la fine membrane sur le côté chair des magrets. Recoupez le tour. Quadrillez la peau grasse sans entamer la chair. Salez et poivrez des deux côtés.

**2 Mélangez** le sucre, le vinaigre et la sauce soja, et faites cuire à petits frémissements jusqu'à l'obtention d'une consistance légèrement sirupeuse.

**3 Posez** les magrets sur la peau dans une poêle antiadhésive froide. Faites cuire à feu doux 8 à 10 minutes pour que le gras fonde et que la peau dore et devienne croustillante.

**4 Videz** la graisse de cuisson et augmentez légèrement le feu. À l'aide d'un pinceau, badigeonnez les magrets de sauce des deux côtés, versez le reste de sauce dans la poêle et poursuivez la cuisson de 2 à 6 minutes selon le degré de cuisson désiré, sans cesser de badigeonner les magrets.

**5 Retirez** du feu, couvrez avec une feuille d'aluminium et laissez reposer 5 minutes. Coupez les magrets en biais en fines tranches. Nappez-les de sauce et servez aussitôt.

Notes : ..............................

**Il en reste**

Retirez la peau des magrets en la décollant de la viande avec une lame fine et en la tirant avec les doigts. Enveloppez-les séparément dans du film alimentaire et gardez au frais.

Déclinaison 1

# ROULEAUX
## de printemps au canard et à la mangue

**Pour 4 personnes**

**Préparation : 40 min**

200 g de magret de canard cuit, sans la peau

8 feuilles de riz

50 g de vermicelles de soja

1 petite mangue, mûre, mais ferme

noix de cajou ou cacahuètes

1 petit bouquet de coriandre

quelques feuilles de laitue

Pour servir

sauce asiatique piquante ou sauce à nems

Notes :

1 **Coupez** le magret en tranches fines, puis perpendiculairement en petites lanières. Pelez la mangue et coupez des tranches de part et d'autre du noyau. Détaillez-les en petits dés ou en lamelles. Rincez et épongez la salade. Partagez les feuilles en deux en retirant la côte centrale. Concassez les noix de cajou. Supprimez les tiges de la coriandre. Faites tremper les vermicelles de soja 5 minutes dans l'eau chaude, puis passez-les sous l'eau froide et égouttez-les.

2 **Trempez** les feuilles de riz l'une après l'autre dans un plat rempli d'eau pour les assouplir, puis étalez-les sur un torchon humide plié en deux.

3 **Posez** une demi-feuille de laitue sur le bord d'une feuille de riz, puis successivement des lanières de magret, des dés de mangue, de la coriandre, quelques vermicelles et un peu de noix de cajou. Repliez la feuille sur la garniture, commencez à rouler en serrant, puis rabattez les côtés vers le centre et finissez de former le rouleau.

4 **Versez** la sauce dans des coupelles et trempez-y les rouleaux en les dégustant.

Déclinaison 2

# WOK
## de canard aux petits légumes

**Pour 4 personnes**

**Préparation : 20 min**

**Cuisson : 5 min**

250 g de magret de canard cuit

150 g de pois gourmands

½ carotte

50 g de mini-épis de maïs décongelés

60 g de germes de soja frais

1 rondelle de gingembre frais

2 oignons nouveaux

10 cl de bouillon de volaille

2 cuil. à soupe d'huile d'arachide

1 gousse d'ail

3 cuil. à soupe de sauce soja

½ cuil. à café de purée de piments

1 cuil. à café de miel liquide

quelques feuilles de basilic thaï ciselées

sel

**1 Émincez** le canard en fines lamelles. Mélangez-le avec le miel et la purée de piments, en remuant plusieurs fois pour bien l'en enrober.

**2 Hachez** finement l'ail et le gingembre. Émincez les petits oignons en gardant la tige vert tendre. Taillez la carotte en fins bâtonnets. Effilez les pois gourmands. Rincez tous les légumes, puis plongez-les séparément 2 minutes dans l'eau bouillante salée. Égouttez-les aussitôt.

**3 Chauffez** l'huile à feu vif dans un wok. Faites revenir l'ail, les oignons et le gingembre 30 secondes, puis ajoutez les lamelles de canard et le basilic, mélangez bien et laissez cuire 1 à 2 minutes sans cesser de remuer.

**4 Ajoutez** les pois gourmands, la carotte, le soja et le maïs, arrosez de sauce soja et de bouillon, et laissez cuire 1 à 2 minutes à feu vif, en remuant toujours. Quand l'ensemble est bien chaud, versez sur un plat et servez aussitôt. Accompagnez de riz blanc ou de nouilles chinoises aux œufs.

Déclinaison 3

# SALADE gourmande aux croustillons de canard

**Pour 4 personnes**

**Préparation : 20 min**

**Cuisson : 10 min**

la peau d'un magret de canard

200 g de mâche

1 cœur de laitue

2 œufs

12 cerneaux de noix

2 cuil. à soupe d'huile de noix

1 cuil. à soupe de yaourt brassé

1 cuil. à soupe de vinaigre de vin vieux

quelques brins de ciboulette ciselés

sel et poivre du moulin

Notes : ..............................

.............................................

.............................................

**1 Faites cuire** les œufs 10 minutes à l'eau bouillante. Refroidissez-les et écalez-les. Écrasez-les grossièrement à la fourchette. Coupez les cerneaux de noix en deux.

**2 Préparez** la vinaigrette dans un saladier très évasé ou un large plat creux. Mélangez le vinaigre, du sel, du poivre et le yaourt, puis incorporez l'huile en fouettant vivement.

**3 Lavez** et essorez les salades. Coupez la peau de magret en lanières de 5 à 8 mm de large. Faites-la cuire à feu moyen, dans une poêle antiadhésive, jusqu'à ce qu'elle soit dorée et croustillante, en remuant souvent.

**4 Au moment** de servir, mettez la mâche, la laitue et les cerneaux de noix dans la sauce et mélangez délicatement. Parsemez d'œuf dur haché, puis de ciboulette avant de disposer les « croustillons » de canard sur la salade.

**Déclinaison 4**

# CARPACCIO *fruité de canard mi-cuit*

**Pour 4 personnes**

**Réfrigération : 30 min**

**Préparation : 20 min**

1 magret de canard cuit rosé (300 à 400 g)

2 kiwis

100 g de framboises fraîches

2 cuil. à soupe de vinaigre de framboise

4 cuil. à soupe d'huile de pépins de raisin

8 baies roses

1 cuil. à café de ciboulette ciselée

sel

*Notes :*

1 **Placez** le magret de canard encore enveloppé de film alimentaire à raffermir au congélateur pendant 30 minutes environ.

2 **Écrasez** les baies roses en poudre assez fine. Pelez les kiwis et coupez-les en tranches de 2 mm.

3 **Sortez** le magret du congélateur, retirez le film et tranchez-le finement avec un couteau parfaitement aiguisé. Disposez harmonieusement les lamelles sur des assiettes froides, en les faisant se chevaucher. Laissez une place libre pour y disposer les rondelles de kiwis.

4 **Mettez** 5 framboises dans un bol et écrasez-les finement à la fourchette. Ajoutez le vinaigre, l'huile et un peu de sel, puis fouettez vivement pour émulsionner le mélange. Badigeonnez-en abondamment la viande au pinceau.

5 **Saupoudrez** d'un peu de baies roses, parsemez la ciboulette et répartissez le reste des framboises avant de servir.

Recette principale

**Pour 8 personnes**

**Préparation : 30 min**

**Cuisson : 2 h 10**

2 kg d'épaule d'agneau désossée, en morceaux

2 oignons

3 gousses d'ail

400 g de tomates pelées, égouttées (en conserve)

300 g de pois chiches au naturel (en conserve)

4 carottes

4 petites courgettes

4 petits navets

½ cuil. à café de curcuma

½ cuil. à soupe de paprika

½ cuil. à soupe de cumin moulu

1 petit morceau de bâton de cannelle

1 grosse pincée de safran

1 cuil. à soupe de concentré de tomate

1 petit bouquet de coriandre et de persil plat, en mélange

500 g de semoule précuite

3 cuil. à soupe d'huile d'olive

30 g de beurre

sel et poivre du moulin

Pour servir

harissa



# COUSCOUS d'agneau

**1 Épluchez** les légumes. Coupez les oignons et les navets en deux ou en quatre, les carottes et les courgettes en gros bâtonnets. Pelez l'ail.

**2 Faites chauffer** l'huile à feu moyen dans un faitout. Étalez les oignons et l'ail, posez l'agneau dessus et faites-le colorer, sans dorer. Saupoudrez les épices et couvrez d'eau. Ajoutez la cannelle, les tomates, le concentré et le bouquet d'herbes. Salez, poivrez et amenez à petite ébullition. Faites cuire 1 h 30.

**3 Ajoutez** les carottes, les courgettes et les navets et poursuivez la cuisson 30 minutes. Rincez et égouttez les pois chiches, ajoutez-les et laissez cuire 10 minutes.

**4 Mettez** la semoule dans un plat avec le beurre en morceaux et versez 50 cl d'eau bouillante. Couvrez et laissez gonfler 5 minutes. Égrenez-la à la fourchette. Disposez-la en dôme sur un plat chaud et creusez le centre. Placez-y les légumes et l'agneau, puis versez un peu de bouillon.

**5 Mélangez** une louche de bouillon avec 2 à 3 cuillerées de harissa. Servez à part.

**Déclinaison 1**

# CHORBA
## « lendemain de couscous »

**Pour 4 à 6 personnes**

**Préparation : 20 min**

**Cuisson : 35 min**

300 g de viande d'agneau cuite au bouillon

1 l de bouillon de couscous

1 gros oignon

200 g de dés de tomate (en conserve)

1 bouquet de coriandre + 2 cuil. à soupe de feuilles ciselées

60 g de boulgour (facultatif)

2 cuil. à soupe d'huile d'olive

sel et poivre du moulin

Notes : ..............................

..............................

..............................

**1 Coupez** l'agneau en dés. Hachez l'oignon. Faites-le fondre 10 minutes à feu doux avec l'huile, jusqu'à ce qu'il soit tendre. Ajoutez l'agneau et laissez cuire encore 5 minutes sans cesser de remuer.

**2 Ajoutez** les dés de tomate, le bouquet de coriandre et versez le bouillon. Amenez à frémissements et faites mijoter 10 minutes à feu très doux. Goûtez et rectifiez l'assaisonnement.

**3 Retirez** le bouquet de coriandre et jetez le boulgour en pluie dans le bouillon. Remuez bien et faites cuire encore 10 minutes.

**4 Arrêtez** le feu et laissez reposer 5 minutes. Servez dans des bols ou versez en soupière. Parsemez de coriandre ciselée au dernier moment.

Déclinaison 2

# FEUILLETÉS
## à l'agneau

**Pour 4 personnes**

**Préparation : 30 min**

**Cuisson : 35 à 40 min**

250 g d'agneau cuit au bouillon

2 rouleaux de pâte feuilletée

1 gros oignon (ou 2 plus petits)

¼ de poivron rouge

3 cuil. à soupe d'huile d'olive

1 cuil. à café de cumin moulu (facultatif)

1 jaune d'œuf délayé avec un peu d'eau

sel et poivre du moulin

Notes : ..........

**1 Effilochez** l'agneau et écrasez-le. Émincez l'oignon. Taillez le poivron en très petits dés. Faites-les fondre ensemble 15 à 20 minutes à feu modéré avec l'huile. Ajoutez l'agneau, le cumin, salez et poivrez, puis mélangez.

**2 Préchauffez** le four à 180 °C (th. 6). Recouvrez une plaque de papier sulfurisé.

**3 Découpez** 4 disques de 12 cm dans la pâte et 4 autres de 14 cm. Répartissez le mélange à l'agneau sur les petits disques en laissant une bande libre autour que vous humidifiez au pinceau, puis recouvrez avec les plus grands. Soudez les bords en les pressant et recoupez-les avec une roulette crantée.

**4 Posez-les** sur la plaque, dorez-les à l'œuf et enfournez pour 20 minutes environ : la pâte doit bien dorer. Servez chaud.

Déclinaison 3

# SALADE *orientale*

**Pour 4 personnes**

**Préparation : 10 min**

200 g de semoule cuite

200 g de pois chiches cuits au naturel

1 oignon nouveau

2 feuilles de laitue

10 tomates cerises

2 cuil. à soupe de menthe ciselée

2 cuil. à soupe de persil plat ciselé

3 cuil. à soupe d'huile d'olive

le jus de ¼ de citron

sel

Notes : ..............................

..............................

..............................

**1 Rincez** et égouttez les pois chiches dans une passoire. Hachez finement l'oignon, en laissant la partie vert tendre de la tige. Lavez et essuyez les tomates, puis coupez-les en deux ou en quatre selon leur taille. Lavez et épongez la salade. Ciselez-la en fine chiffonnade.

**2 Mélangez** la semoule et les pois chiches dans un saladier très évasé. Versez l'huile d'olive, arrosez du jus de citron et salez. Remuez bien et goûtez. Si nécessaire, ajoutez 1 cuillerée d'huile d'olive et rectifiez l'acidité avec un peu de jus de citron supplémentaire. Réservez au réfrigérateur.

**3 Au dernier moment,** parsemez les herbes et mélangez bien. Ajoutez la salade, les tomates et remuez à nouveau délicatement avant de servir.

Recette principale

Pour 6 personnes

Préparation : 20 min

Cuisson : 15 min

3 kg de moules

40 g de beurre

3 échalotes

30 cl de vin blanc sec

1 petit bouquet de persil plat

2 cuil. à soupe de persil plat ciselé

poivre du moulin

Notes :



# MOULES marinière

**1 Grattez** les moules sous l'eau froide et rincez-les abondamment. Égouttez-les, puis éliminez les moules déjà ouvertes.

**2 Hachez** finement les échalotes. Faites-les fondre 5 à 10 minutes à feu doux avec le beurre, dans un faitout, jusqu'à ce qu'elles soient tendres et translucides. Versez le vin blanc, ajoutez le bouquet de persil et donnez quelques tours de moulin à poivre. Amenez à ébullition et faites cuire 5 minutes.

**3 Jetez** les moules dans le faitout, couvrez et faites-les ouvrir à feu vif, en secouant souvent le récipient et en remuant deux ou trois fois avec une cuillère en bois.

**4 Dès que les moules** sont toutes ouvertes, retirez du feu et remuez encore une fois. Éliminez les coquillages restés fermés et ôtez le persil. Sortez les moules et mettez-les dans un plat creux ou une soupière chaude. Arrosez-les de leur jus de cuisson, en laissant le dépôt sableux dans le fond du faitout. Parsemez du persil ciselé et servez aussitôt.

**Il en reste**

Laissez refroidir les moules restantes dans une passoire. Retirez toutes les coquilles, ou la moitié seulement si vous souhaitez les farcir ensuite. Filtrez le liquide de cuisson. Conservez les moules dans leur jus, au réfrigérateur, dans un récipient hermétique.

**Déclinaison 1**

**Pour 4 personnes**

**Préparation : 15 min**

1 kg de moules cuites à la marinière égouttées, la moitié des coquilles retirées

100 g de mâche ou de jeunes pousses d'épinards

1 avocat

le jus de ½ citron vert

2 cuil. à soupe de mayonnaise

2 cuil. à soupe de yaourt brassé

2 cuil. à soupe de jus de cuisson des moules

½ cuil. à café de concentré de tomate

1 cuil. à café de paprika

1 cuil. à soupe de cerfeuil ciselé

1 pincée de piment de Cayenne ou quelques gouttes de Tabasco®

sel



# SALADE

## de moules au paprika

**1 Lavez** et essorez la mâche ou les pousses d'épinards. Tapissez-en un plat creux.

**2 Coupez** l'avocat en lamelles et arrosez-le de jus de citron. Disposez-le tout autour de la verdure.

**3 Mélangez** dans un petit saladier la mayonnaise, le concentré de tomate, le yaourt, le paprika et la moitié du cerfeuil, puis diluez avec le jus de cuisson des moules. Goûtez, rectifiez l'assaisonnement en sel et relevez à votre goût avec un peu de piment de Cayenne ou de Tabasco®.

**4 Mettez** les moules dans la sauce et remuez délicatement. Réservez au frais. Au dernier moment, posez les moules en dôme sur la salade et parsemez du reste de cerfeuil.

Déclinaison 2

# TOMATES
## *à la bruxelloise aux moules*

**Pour 4 personnes**

**Préparation : 20 min**

400 g de moules cuites à la marinière égouttées et les coquilles retirées

4 tomates moyennes, de forme régulière et de taille identique

4 cuil. à soupe de mayonnaise

quelques feuilles de cœur de laitue

1 petite cuil. à soupe de basilic ou de cerfeuil ciselé

Notes : ...............................

...........................................

...........................................

**1 Rincez** et séchez les feuilles de laitue. Plongez les tomates 10 secondes dans l'eau bouillante, puis rafraîchissez-les dans de l'eau très froide. Essuyez-les. Retirez le pédoncule, puis pelez-les. Coupez un couvercle dans le haut. Évidez-les délicatement et retournez-les sur une grille jusqu'au moment de les garnir. Récupérez la chair, supprimez les graines et hachez-la au couteau.

**2 Réunissez** les moules, la chair des tomates, les herbes et la mayonnaise dans un petit saladier. Remuez délicatement pour bien mélanger.

**3 Garnissez** les tomates évidées des moules assaisonnées et remettez les couvercles. Servez bien frais, dans des petites assiettes ou des coupelles, sur quelques feuilles de laitue.

Déclinaison 3

# BOUCHÉES *feuilletées aux moules*

**Pour 4 personnes**

**Préparation : 15 min**

**Cuisson : 30 min**

1 kg de moules cuites à la marinière

20 cl de jus de cuisson des moules

4 croûtes pour bouchées à la reine

20 g de beurre

1 blanc de poireau

1 carotte

100 g de champignons de Paris

1 cuil. à soupe de farine

1 jaune d'œuf délayé dans 2 cuil. à soupe de crème

sel et poivre du moulin

Notes : ..............................

..............................

..............................

**1 Émincez** les légumes. Faites-les étuver à feu doux avec 10 g de beurre, puis versez 30 cl d'eau et laissez mijoter 10 minutes. Égouttez-les et réservez.

**2 Faites fondre** le reste du beurre, ajoutez la farine en remuant et laissez cuire 2 minutes à feu doux. Délayez avec le bouillon des légumes, puis le jus de cuisson des moules. Salez et poivrez, amenez à frémissements et laissez mijoter 10 minutes, en remuant souvent.

**3 Glissez** les croûtes 5 à 10 minutes dans le four préchauffé à 90 °C (th. 3).

**4 Ajoutez** les moules et les légumes dans la sauce et rectifiez l'assaisonnement. Laissez à feu doux pour réchauffer sans recuire les moules. Retirez du feu et incorporez le jaune d'œuf en remuant. Répartissez dans les croûtes chaudes avant de servir.

**Déclinaison 4**

**Pour 4 personnes**

**Préparation : 30 min**

**Cuisson : 20 min**

24 grosses moules cuites à la marinière égouttées, la moitié des coquilles retirées

1 poivron rouge

1 poivron vert

2 cuil. à soupe de pulpe de tomate (en conserve)

3 cuil. à soupe d'huile d'olive

½ cuil. à café d'origan séché

1 pincée de piment ou quelques gouttes de Tabasco®

sel

*Notes :* ..............................

..............................

..............................



# MOULES *à la basquaise*

**1 Coupez** les poivrons en 4 ou 5 bandes dans la hauteur, puis retirez le pédoncule, les graines et les membranes. Posez-les sur une plaque, côté peau vers le haut et faites-les griller 15 minutes environ sous le gril du four très rouge : la peau doit être noire et boursouflée. Pelez-les et taillez-les en très petits dés.

**2 Faites-les fondre** 3 minutes à feu très doux avec l'huile. Ajoutez la pulpe de tomate, salez et pimentez à votre goût, puis faites mijoter 2 minutes. Retirez du feu, parsemez un peu d'origan et laissez refroidir.

**3 Mettez** une moule dans chaque moitié de coquille. Garnissez d'une cuillerée de fondue de poivron, puis rangez les coquillages au fur et à mesure sur un plat. Réservez au frais jusqu'au moment de servir.

Recette principale

# ÉCHINE *de porc rôtie à l'ail*

**Pour 6 personnes**

**Préparation : 20 min**

**Cuisson : 1 h 10**

1 rôti de porc dans l'échine de 1,2 kg environ

1 tête d'ail

3 branches de thym

2 cuil. à soupe d'huile d'olive

20 g de beurre mou

10 cl de crème liquide entière

sel et poivre du moulin

*Notes :* ............................

1 **Retirez** les peaux de la tête d'ail, sans séparer les gousses. Coupez assez largement la pointe pour faire apparaître la pulpe. Badigeonnez-la d'huile.

2 **Préchauffez** le four à 240 °C (th. 8). Étalez le reste d'huile dans un plat à gratin. Épongez le rôti. Enduisez-le de beurre. Salez, poivrez et posez-le dans le plat. Enfournez 5 à 10 minutes, en le retournant pour le dorer de tous côtés.

3 **Baissez** la température du four à 160 °C (th. 5-6). Posez la tête d'ail à côté du rôti et poursuivez la cuisson 1 heure. Effeuillez le thym 10 minutes avant la fin de la cuisson, parsemez-en le rôti et versez 3 à 4 cuillerées à soupe d'eau bouillante.

4 **Entrouvrez** le four, couvrez le rôti d'une feuille d'aluminium et laissez reposer 5 minutes. Récupérez l'ail et pressez-le pour en extraire la pulpe. Mélangez-le à la crème, portez à petite ébullition et faites épaissir en remuant.

5 **Posez** le rôti sur une planche et coupez-le en tranches. Raclez les sucs de cuisson dans le plat et versez ce jus dans la crème à l'ail. Vérifiez l'assaisonnement et servez avec le rôti.

**Il en reste**

*Conservez séparément la sauce et le rôti.*
*Enveloppez la viande*
*dans du film alimentaire.*

Déclinaison 1

# QUICHE *campagnarde*

**Pour 4 personnes**

**Préparation : 20 à 25 min**

**Cuisson : 55 min à 1 h**

200 à 250 g de rôti de porc cuit

1 rouleau de pâte feuilletée ou brisée

500 g d'oignons

40 g de beurre + un peu pour le moule

1 cuil. à soupe de farine

4 œufs

40 cl de crème liquide entière

1 grosse pincée de noix de muscade râpée (facultatif)

sel et poivre du moulin

*Notes :* ..............................

..............................

..............................



**1 Émincez** les oignons. Faites-les fondre 15 à 20 minutes à feu doux avec le beurre, en remuant de temps en temps. Quand ils sont tendres et commencent à dorer, saupoudrez la farine, salez et poivrez, mélangez et cuisez encore 5 minutes. Laissez refroidir.

**2 Effilochez** le porc en morceaux de la taille de petits lardons.

**3 Préchauffez** le four à 210 °C (th. 7). Beurrez un moule à tarte de 24 cm de diamètre, garnissez-le de pâte et recoupez les bords.

**4 Battez** les œufs avec la crème. Salez, poivrez et ajoutez la muscade. Étalez les oignons dans le fond de tarte, répartissez le porc et versez la crème. Enfournez et faites cuire 35 à 40 minutes, jusqu'à ce qu'il soit doré. Démoulez dès la sortie du four avant de servir.

**Déclinaison 2**

# WRAPS
## *de rôti de porc*

**Pour 4 personnes**

**Préparation : 20 min**

**Cuisson : 30 sec au micro-ondes**

250 g de rôti de porc cuit

4 tortillas de blé ou de maïs

1 tomate

2 belles feuilles de laitue ou de batavia

2 cuil. à soupe de mayonnaise

3 cuil. à soupe de yaourt brassé

1 ½ cuil. à café de paprika

½ cuil. à café de concentré de tomate

quelques gouttes de Tabasco® (selon le goût)

1 ou 2 gouttes de sauce Worcestershire

1 cuil. à soupe de coriandre ou de persil plat ciselé

**1 Coupez** la tomate en deux, retirez les graines et taillez la pulpe en dés. Rincez et séchez les feuilles de salade. Coupez-les en deux.

**2 Mélangez** la mayonnaise, le yaourt, le concentré de tomate, le paprika, la sauce Worcestershire et un peu de Tabasco®. Ajoutez la coriandre ou le persil et remuez.

**3 Émincez** le porc en lamelles. Ajoutez-le au mélange et remuez pour enrober la viande de sauce.

**4 Humidifiez** les tortillas et passez-les 30 secondes au micro-ondes. Garnissez d'un peu de salade et de dés de tomate, puis du porc. Enroulez chacune d'elles autour de cette garniture en repliant la base du cornet. Dégustez comme un sandwich.

Déclinaison 3

# SALADE *de pois chiches au porc et au cumin*

**Pour 4 personnes**

**Préparation : 15 min**

200 à 250 g de rôti de porc cuit

300 g de pois chiches cuits au naturel (en conserve)

1 grosse tomate ou 2 tomates en grappes moyennes

1 oignon nouveau

1 poivron

1 cuil. à café de cumin moulu

2 cuil. à soupe de menthe ciselée

2 cuil. à soupe de coriandre ou de persil ciselé

3 cuil. à soupe d'huile d'olive

sel et poivre du moulin

**1 Émincez** le porc en petites lamelles. Coupez la tomate en deux, retirez les graines et taillez la chair en petits dés. Rincez les pois chiches sous l'eau froide dans une passoire et laissez-les égoutter.

**2 Parez** et émincez finement l'oignon avec la partie vert tendre de la tige. Retirez la peau du poivron au couteau économe et coupez la chair en petits carrés.

**3 Mélangez** l'huile d'olive, le cumin, un peu de sel et de poivre dans un saladier. Ajoutez le reste des ingrédients et remuez bien. Mettez au réfrigérateur jusqu'au moment de servir.

Recette principale

**Pour 8 personnes**

**Préparation : 10 min**

**Cuisson : 25 à 45 min**

1 rosbif de 1,8 kg, paré et ficelé

70 g de beurre

sel et poivre du moulin

Notes :



# RÔTI de bœuf au jus

**1 Sortez** le rosbif du réfrigérateur 1 heure avant la cuisson. Laissez ramollir 30 g de beurre à température ambiante. Préchauffez le four à 210 °C (th. 7).

**2 Posez** le rôti dans un plat muni d'une grille ou sur la grille du four au-dessus de la lèchefrite. Enduisez-le du beurre mou. Enfournez 25 à 30 minutes pour une viande saignante (55 °C mesurés au thermomètre à sonde piquée au cœur de la viande). Prolongez de 10 à 15 minutes pour une viande à point (60 °C au thermomètre) et de 10 à 15 minutes supplémentaires pour une viande plus cuite (70 °C au thermomètre).

**3 Arrêtez** le four. Salez et poivrez le rôti, couvrez-le d'une feuille d'aluminium et laissez-le 5 minutes dans le four entrouvert.

**4 Retirez** la ficelle et coupez le rôti en tranches. Disposez-les sur un plat très chaud et gardez au chaud. Récupérez le jus. Jetez le gras de cuisson et posez le plat sur feu vif. Ajoutez le jus de découpe de la viande, 4 à 5 cuillerées à soupe d'eau bouillante et le reste du beurre en morceaux. Grattez les sucs de cuisson jusqu'à ce que ce jus commence à mousser.

**5 Tranchez** juste ce qu'il faut de viande pour garder un morceau entier. Ne versez du jus que sur les tranches découpées et mettez le reste dans une saucière chaude. Servez aussitôt.

## Il en reste

*Enveloppez ce qui reste du rôti dans un film alimentaire et placez-le au réfrigérateur.*

**Déclinaison 1**

# CARPACCIO *mi-cuit et salsa de tomates*

**Pour 4 personnes**

**Préparation : 30 min**

**Réfrigération : 30 min**

400 g de rôti de bœuf cuit

300 g de tomates

½ petit piment

1 oignon nouveau

le jus de ½ citron vert

1 petite gousse d'ail

1 cuil. à soupe de coriandre ciselée

sel

*Notes :*

**1 Posez** le bœuf sur une petite planche et placez l'ensemble 30 minutes environ au congélateur pour le raffermir, ce qui facilitera la coupe.

**2 Sortez** la viande et tranchez-la très finement avec un couteau parfaitement aiguisé ou, mieux, une trancheuse électrique. Disposez les tranches en rosace sur des assiettes ou un plat froids. Remettez au réfrigérateur.

**3 Préparez** la salsa de tomates : plongez les tomates 15 secondes dans l'eau bouillante. Égouttez-les et retirez la peau. Coupez-les en deux, retirez les graines, puis taillez-les en très petits dés. Coupez le piment en deux, retirez les graines et émincez-le finement. Pelez et écrasez la gousse d'ail. Hachez finement l'oignon. Réunissez tous les ingrédients dans un bol, en adaptant la quantité de piment à la force souhaitée. Salez et mélangez sans trop écraser les tomates.

**4 Sortez** le carpaccio du réfrigérateur au moment de servir, nappez-le d'un peu de salsa de tomates et servez le reste séparément.

Déclinaison 2

# CROSTINIS
## de bœuf à la tomate confite et au parmesan

**Pour 4 personnes**

**Préparation : 30 min**

**Cuisson : 2 h**

200 g de rôti de bœuf cuit

4 tranches de pain de campagne

4 tomates allongées (roma ou torino)

1 petite poignée de roquette

50 g de parmesan

1 gousse d'ail

huile d'olive

origan

vinaigre balsamique

sel

1 **Faites confire** les tomates à l'avance : plongez-les 15 secondes dans l'eau bouillante. Égouttez-les, retirez la peau et coupez-les en deux dans la longueur. Supprimez les graines. Rangez-les sur une plaque recouverte de papier sulfurisé, arrosez d'un peu d'huile d'olive, salez légèrement et parsemez d'origan. Glissez-les dans le four préchauffé à 120 °C (th. 4) et faites-les confire 2 heures environ, en les retournant à mi-cuisson. Laissez refroidir.

2 **Triez,** lavez et séchez la roquette. Coupez le parmesan en copeaux fins et assez grands. Coupez la viande en lamelles longues de 2 à 3 mm d'épaisseur.

3 **Faites griller** les tranches de pain. Frottez-les légèrement avec la gousse d'ail, puis disposez harmonieusement sur chacune d'abord la roquette, puis deux moitiés de tomate et le quart des lamelles de viande. Arrosez l'ensemble d'un filet d'huile d'olive, de quelques gouttes de vinaigre balsamique et répartissez le parmesan avant de servir.

Déclinaison 3

# ÉMINCÉ de bœuf aux grenailles tièdes

**Pour 4 personnes**

**Préparation : 20 min**

**Cuisson : 10 à 15 min**

400 g de rôti de bœuf cuit

400 g de pommes de terre grenailles, de taille régulière

1 échalote

1 cuil. à café de moutarde à l'ancienne

1 cuil. à soupe de vinaigre de vin blanc

2 cuil. à soupe de crème fraîche

2 cuil. à soupe de vin blanc sec

1 cuil. à soupe d'huile à goût neutre

1 cuil. à soupe de persil plat ciselé

sel et poivre du moulin

1 **Brossez** avec soin les grenailles sous l'eau froide, sans les éplucher. Faites-les cuire 10 à 15 minutes à l'eau bouillante salée, jusqu'à ce qu'elles soient juste tendres. Laissez-les tiédir dans une passoire. Coupez-les en rondelles épaisses.

2 **Pendant ce temps,** coupez la viande en tranches épaisses, puis perpendiculairement en lamelles fines.

3 **Hachez** l'échalote. Mettez-la dans un saladier avec la moutarde, du sel, quelques tours de moulin à poivre et le persil. Ajoutez la crème, le vin blanc, le vinaigre et l'huile en fouettant vivement pour obtenir une consistance onctueuse.

4 **Mettez** les pommes de terre dans la sauce et remuez pour bien les enrober. Étalez-les dans un plat creux et disposez les lamelles de bœuf dessus. Servez encore tiède.

Déclinaison 4

# SALADE *de bœuf à la thaïlandaise*

**Pour 4 personnes**

**Préparation : 20 min**

**Réfrigération : 15 min**

400 g de rôti de bœuf cuit

1 petit oignon rouge ou une échalote rouge

1 tige de citronnelle

1 cuil. à soupe de menthe ciselée

1 cuil. à soupe de coriandre ciselée

2 cuil. à soupe de riz

½ à 1 cuil. à café de purée de piments

le jus de 1 citron vert

4 cuil. à soupe de sauce à nems

Pour servir

quelques feuilles de batavia

1 **Faites** légèrement griller le riz dans une casserole antiadhésive. Quand il est juste doré, écrasez-le au pilon en poudre pas trop fine. Retirez l'extrémité verte et la feuille extérieure de la citronnelle. Fendez plusieurs fois la partie blanche dans sa longueur, sans aller jusqu'à la base, puis hachez-la très finement dans l'autre sens. Épluchez l'oignon, coupez-le en deux, puis en fines lamelles.

2 **Coupez** le bœuf en tranches épaisses, puis hachez-le perpendiculairement en fines lamelles.

3 **Mélangez** dans un saladier le jus de citron, la purée de piments et la sauce à nems. Ajoutez les lamelles de bœuf, la citronnelle et les herbes ciselées. Remuez bien et laissez reposer 15 minutes au réfrigérateur, pour que les saveurs se diffusent.

4 **Lavez** et séchez les feuilles de salade. Coupez-les en bandes et recouvrez-en un plat. Au moment de servir, sortez le bœuf du réfrigérateur. Ajoutez les lamelles d'oignon et remuez à nouveau. Disposez le mélange sur la salade verte et saupoudrez du riz grillé.

# MESURES *utiles*

**1 NOISETTE DE BEURRE =**
**4** grammes

**1 NOIX DE BEURRE =**
**15** grammes

**1 CUILLERÉE À SOUPE**

= **15** grammes de sucre, sel ou beurre

= **12** grammes de farine ou semoule

= **1,5** cl de liquide

= **3** cuillerées à café

**1 CUILLERÉE À CAFÉ**

= **5** grammes de sel, sucre ou beurre

= **5** ml d'huile ou crème fraîche

= **0,5** cl de liquide

= **4** grammes de farine ou semoule

**1 PINCÉE DE SEL =**
**0,3** à **0,5** gramme

**1 MORCEAU DE SUCRE =**
**5** grammes

# Économat

### Dans le placard

Sels (sel fin, gros sel, fleur de sel, sels aromatisés) et poivres (noir ou exotique)

Huiles de goût neutre (maïs, tournesol, colza) ou parfumées (olive, noix…)

Vinaigres (blanc, rouge, balsamique, de xérès, de cidre…)

Lait (entier, allégé ou écrémé)

Crème liquide

Sucres (sucre semoule blanc ou roux, sucre glace)

Sauces asiatiques (soja, hoisin, teriyaki…)

Farine

Levure chimique

Cacao en poudre

Plaquettes de chocolat

Aides culinaires : bouillons et courts-bouillons déshydratés en cubes et en tablettes, gelée alimentaire en feuilles ou en poudre, fonds de veau ou de volaille, Maïzena®

Vanille (extrait ou gousse)

Riz, pâtes, semoules et céréales

Herbes

Épices

Fruits secs

Graines (sésame, lin, tournesol…)

Tomates en conserve

Ail, échalote, oignons et pommes de terre

### Dans le réfrigérateur

Œufs

Beurre

Pâtes prêtes à l'emploi

Moutardes

Herbes fraîches

Gruyère et parmesan râpé

### Dans le congélateur

Herbes

Plats cuisinés

Légumes

*Super pratique !*

# Température du four

| Thermostat | Température approximative |
|---|---|
| 1 | **30 °C** (à peine tiède) |
| 2 | **60 °C** (tiède) |
| 3 | **90 °C** (chaleur très douce) |
| 4 | **120 °C** (chaleur douce) |
| 5 | **150 °C** (chaleur modérée) |
| 6 | **180 °C** (chaleur moyenne) |
| 7 | **210 °C** (assez chaud) |
| 8 | **240 °C** (chaud) |
| 9 | **270 °C** (très chaud) |
| 10 | **300 °C** (chaleur vive) |

# INDEX *des produits*

# TABLE *des recettes*

Direction éditoriale : **Corinne Cesano**
Édition : **Diane Monserat**
Graphisme : **Julia Philipps**
Photogravure : **Nord Compo**
Fabrication : **Laurence Duboscq**



ISBN : 978-2-263-17365-3
Code éditeur : L17365
Dépôt légal : janvier 2021
Imprimé en Pologne par Interak

FSC
www.fsc.org
MIXTE
Papier issu de sources responsables
FSC® C003309